퇴사 후 무엇을 할까?

오효선 지음

현실적인 인생 이모작
설계 가이드

퇴사 후
무엇을 할까?

두드림미디어

퇴사 후 새로운 도전을 위해

한국전쟁 이후의 세대들이 이제 퇴임을 했거나 퇴사를 걱정하는 나이가 되었다. 어렵게 자라던 시절을 지나 짧은 기간 동안 몸으로 겪었던 사회적인 변화를 온몸으로 받아내며 각자가 나름대로는 많은 고난도 있었지만 훌륭한 성공사례를 만들었다.

이제 새로운 삶을 살아야 하는 전후 세대들이 충분한 노후 준비 없이 자식들의 뒷바라지를 하다 내 인생을 다시 준비해야 하는 상황을 맞이하게 되었다.

전후 세대들이 태어났을 때만 해도 주로 농업에 의존하던 조용한 아침의 나라였다. 그러나 한 세대가 지나기 전에 빠르게 도시화해 농촌 인구가 많이 감소했고, 지금은 농촌 소멸을 걱정하고 있다. 우리 사회의 변화가 전례가 없을 정도로 매우 빠르고 극적인 것이 한편으로는 바람직한 부분도 있지만, 이를 몸으로 겪어내야 했던 우리네 전후 세대들은 퇴사 후 반이 빈곤세대로 전락하는 상황을 맞아야 한다.

바라건대, 이 책이 이미 퇴사를 했거나 퇴사를 앞두고 있는 많은 직장인에게 인생 이모작을 준비하는 데 조금이나마 도움이 되었으면 한다. 이미 현실로 다가온 실업자 생활에서 새로운 도전과 문제해결에 도움을 줄 수 있었으면 한다. 그리고 이 상황을 헤쳐

나가는 데 있어 핵심적인 역할은 결국 내가 해야 한다는 것이고, 이를 이해하는 데 도움이 되었으면 한다.

앞으로 40~50년을 더 살아가야 할 퇴직자들은 이제 끝이 아니고 시작이라는 사실을 인지해야 한다. 나름대로 준비하고 계획해 즐겁고 행복한 삶을 누릴 수 있기를 바란다.

갑자기 퇴사한 후 암담했던 그 상황을 지금 와서 돌이켜 보면, 준비하는 과정과 어디에서부터 시작해 타개해야 할지 모르고 심적인 고민만 늘어갔던 기억이 떠오른다.

회사에서 일을 계획하고 실행하며, 점검하고 개선해나가는 프로세스대로 하나씩 단계적으로 열심히 하는 방법을 누군가가 알려주었다면 훨씬 더 쉽고, 나름대로 길을 찾을 수도 있었을 텐데….

아무튼, 그 길은 본인이 찾아 나서야 한다. 그러나 그 방향으로 이미 가본 선배들이라면 미리 충분히 알려줄 수 있지 않을까? 이런 마음으로 그동안 후배들에게 들려줬던 이야기를 기록했다. 많이 부족하고 열정만 넘치는 마음을 감안해서 읽어주시면 감사하겠다.

준비가 부족해 헤매고 있을 때 손을 잡아주신 ㈜두드림미디어 한성주 대표님과 이향선 팀장님, 열심히 교정해준 둘째 현주, 항상 든든한 아들 충수, 집안의 버팀목이 되어준 현아와 같은 생을 열심히 살아준 아내에게 감사한 마음을 전한다. 나를 아는 모든 이들에게도 이번 기회에 감사하다는 말씀을 드린다. "감사합니다."

오효선

차례

제4장 노후의 삶

제**1**장

퇴사자의 고민

나는 언제라도
실업자

직장생활은 안정되고 규칙적이라는 장점이 있어 많은 사람이 선호하고 있다. 내가 대학을 졸업할 때는 취업하는 것 말고는 어떤 다른 생각도 할 여력이 없었다. 시골에서 서울로 유학해 공부하는 것만으로도 벅차던 시절이다. 학문의 전당인 대학이 아니고 우골탑(牛骨塔)이던 시절이었으니 말이다.

근래에는 구직자들이 비교적 안정된 직장으로 알려진 공무원과 공공기관을 선호하고 있다. 여러 가지 장점이 많이 있겠지만 중간에 퇴사 걱정이 없다는 것이 그 이유란다. 하지만 직장인은 언제라도 그곳을 떠나야 하는 예비 실업자라는 사실만은 변함없이 확실하다. 우리가 언젠가 이 세상을 떠나야 하는 것처럼 말이다.

나는 직장인에게 청춘을 바쳐 근무하지 말라고 강의한다. A4용지(지금은 전자 게시판이나 메일, 문자 메시지로 처리) 인사명령에 내 이름이 새겨지면 언제라도 실업자가 될 수 있다.

노동법이 있어 5명 이상 사업장은 해고 조건이 상당히 까다로워져서 안전하다고 믿는 사람이 있겠지만, 내가 매일 지나다니는 어느 학교 앞에서 7년 동안 농성하고 있는 청소노동자는 노동법이 없어서 그렇게 복직을 외치며 천막에서 생활하고 있겠는가?

옛날부터 직장이 아닌 직업이 중요하다고 했다. 하지만 현실은 회사 내 여러 부서를 옮겨 다니며 경력을 쌓는 다양한 능력 보유자(?)만을 양산하고 있다.

내가 사업을 하면서 인재가 필요할 때마다 여러 경로를 통해 찾아봤지만, 직장 경력이 많은 인재 중에 딱히 적당한 인재를 찾기가 쉽지 않은 것은 아이러니하다. 직장생활은 많이 했으나 직업이 뭔지 모르겠다. 오랫동안 여러 부서를 돌아다녔다고 적었지만, 딱히 무슨 일을 가장 잘하는지 본인도 잘 모르는 것 같다. 그러면서 어떤 일도 맡겨만 주면 잘할 수 있다고 하는 사람, 입사할 때 최고 우수한 점수로 입사했다고 자랑하는 30년 된 퇴직자를 어떻게 채용할 수 있을까?

언젠가 일은 많고 할 사람은 없어 급하게 해당 현장과 유사한 공장에서 28년간이나 근무했던 부장을 추천받았다. 그 사람을 현장에 보내 안전에 관한 문제점을 찾아오라고 했다.

하루 동안 현장에 가서 조사하고 현장 작업자를 만나 상담하고 와서 내민 결과는 조그만 메모지에 제목만 5건 적은 것이었다. 그것만 던지고 사라진 28년 경력자에게 내가 얼마를 보상해야 하는지 무수히 많은 고민을 했던 쓰라린 경험이 있다. 그 자료는 폐기하고 모든 일은 처음부터 다시 내가 방문해 같은 과정을 거쳐 확인하고 처리해야만 했다.

실업자가 되면 이모작으로 무엇을 할 것인가? 내가 재취업하면 얼마나 받을 수 있는가? 돈은 벌 수 있는가? 한 번만 생각해봤다면 현재 업무에 청춘을 바치지 않고도 회사에 더 많은 도움을 줄 수 있을 것이다. 나도 회사를 운영하지만, 회사는 직원이 청춘을 바쳐 일하기를 바라지 않는다. 직원이 받아가는 금액보다 좀 더 많은 일을 처리해주기를 바랄 뿐이다. 그래야 후배들의 일자리도 늘어나고, 주주들에게도 배당할 수 있지 않겠는가?

나는 화학공장의 사업관리팀에서 사업 타당성 검토를 수년 동안 한 적이 있다. 인건비는 직접비이고, 일반관리비 즉, 이들을 관리하는 직원(총무팀, 관리팀, 기술팀 등 직접 생산에 참여하지 않는 부서)의 인건비와 본인에게 들어가는 부대비용이 직접비의 1.8배다. 다시 말하면 내가 일해서 번 돈이 회사에서 나에게 지급되는 돈의 최소 2배 이상은 되어야 한다는 것이다.

모든 직장인이 어느 날 갑자기(본인만 모르고 있는 상태에서) 회사를 떠나게 된다. 내가 만나본 후배들의 대부분은 정년퇴직인 경우라도 아무 준비 없이 퇴직하는 경우가 허다하다. 부모로부터 많은 재산을 물려받은 경우를 제외하고는 현재 거주하는 집, 기획부동산 회사(?) 소개로 산 매매가 어려운 땅, 퇴직금(정산이 되지 않은 경우) 정도가 남는다. 그때부터 최소한 10년 이상은 더 일해야 한다. 우리나라 직장인의 평균 퇴직 나이가 최근에는 52세인데, 지금은 70세 이상까지 일해야 한다니 산술적으로 최소 18년 이상, 적어도 20년은 더 일해야 한다. 아직 막내 학자금이나, 자녀 결혼자금이 남아 있다면 노후자금은 더 많이 필요하다. 내가 아는 어느 후배는 노후 준비가 안 된 노부모에게 형과 각각 매달 150만 원씩 보내고 있다고 했다. 부모는 이 돈으로 넉넉하지는 않겠지만 아들들도 부족하기는 마찬가지이리라.

지금 세대에서는 찾아보기 힘든 미담 사례이지만 이런 상황이 되면 아예 연락을 끊고 사는 자식도 있다. '구하라법'이 만들어진 후, 오랫동안 양육 의무를 저버리거나, 연락 없이 지내던 부모가 그 혜택을 받지 못하도록 법이 개정되었다. 그러나 자식이 부모를 보살피지 않고 연락을 끊거나, 오히려 학대하는 경우에 대한 상속 문제는 아직 논의가 없다.

퇴직자 또는 예비퇴직자가 찾아와 조언을 구할 때, 월 200~300만 원만 있으면 충분하다고 하는 경우가 대부분이다. 나는 이런 경우 강한 부정으로 돌려세운다. 물론 그 정도에 국민연금을 포함하면, 최소한의 생활은 영위할 수 있다. 그러나 어찌 사람이 의식주만 해결하고 살 수 있겠는가. 다다익선(多多益善)이지 않겠는가?

자동차도 바꿔야 하고, 친지들의 애경사에 아들, 손자, 며느리 생일, 기념일, 행사, 그리고 아직 다리에 힘이 있으면 해외여행 등 목돈 들어갈 일들이 끊임없이 발생한다. 나이가 들면 어느 자리, 어느 모임에 가든지 원로가 되어 지갑을 열어야 대접을 받는다. 그동안 못 만났던 친구에게 전화라도 하려면 점심 식사라도 제의할 수 있어야 한다. 밥값을 누가 내던 가진 돈이 없으면 자신감이 떨어져 사회생활이 어려워진다. 소통이 줄어들면서 자연스럽게 도심 속의 오지 자연인으로 살아가야 한다.

나이가 들어 혼자서 영어 공부도 하고, 행정복지센터에서 스마트폰 사용법을 배워도 사용처가 크게 없는 무용지물이 될 뿐이다.

살아가는 스트레스를 줄이려면 쓰고 남는 돈이 있어야 이런 경우에 쓸 것이 아닌가. 남는 돈이 많지 않아도 매달 들어오는 돈이 있고 매달 사용하는 돈보다 조금이라도 많다면 경제적으로 독립이 되어 인생이 자유로워진다.

퇴직 전에 장기계획을 세우면 좋겠지만, 지금이라도 찾아보면 좋은 방법이 있을 것이다. 후배들에게 조언하면서 가장 답답한 부분은 빚지면 죽는 줄 안다는 것이다. 나도 직장에 있을 때는 그랬으니까 충분히 이해는 간다. 빚과 자산을 구분할 줄 알아야 경제적인 독립이 가능하다는 것을 퇴직 후에 사업을 하면서 알았다. 빚을 지는 것은 지금도 동의하지 않는다. 옛말에 "돈이 생기면 돼지우리부터 마련하라"라는 말이 있다. 그때나 지금이나 돼지우리는 돈을 만들어내는 생산성 높은 투자였으리라. 그런데 근래에는 영끌해(영혼까지 끌어당겨) 집을 키우거나 장만하는 젊은이가 많단다. 물론 내 집 마련의 중요성을 모르는 바 아니지만, 계속 올라갈 수만은 없을 것이고 언젠가는 내리거나 안정될 것이다. 그 이자를 급여에서 감당하려면 삶이 고단해지는 방법이고, 잘못되면 인생을 망칠 수도 있다. 이것이 빚이기 때문이다. 영끌해 자본을 만들고 이자보다 더 많은 수익이 나는 사업을 한다면 이자를 갚고도 수익이 발생할 것이다. 이 돈이 모이면 머지않아 경제적인 자유를 얻게 될 것이다. 돈으로 스트레스받지 않는 방법을 하나씩 스스로 배워야 한다. 시간과 비용을 지불하더라도 반드시 경제적으로 독립하는 방법을 배우러 나서야 한다. 가까운 지인이나 친척 중에 경제적인 자유를 누리는 선배(나이와 상관없이)를 가까이해 그 경험과 방법을 내 지식과 경험으로 만들어야 한다. 이 경우 반드시 경계해야 할 것은 상식을 뛰어넘는 수익을 탐하지 말아야 한다는 것이다. 그러나 노력하고 공부하면 평균보다 더 나은 조건으로 수익을 얻는 방법은 수없이 많다. 이를 익히고 배우는 것을 게을리하지 말아야 한다.

지금부터 갑작스러운(?) 퇴직으로 황당해할 후배들에게 내가 그동안 살아왔던 경험과 주변의 동료와 후배들이 갔던 길을 소개하고 이제부터라도 어떻게 노후를 설계하고 살아가야 하는지를 같이 생각해보고 준비하는 시간을 만들고자 한다.

나는 무엇을
할 수 있을까?

　퇴직했거나, 현직에 있지만 퇴직을 준비해야 한다면 이제부터 나는 무엇인가 새로운 것을 준비하고 하나씩 구체화해야 한다. 하루 이틀도 아니고 아직도 많이 남은 내 미래의 모습이 삼식이(백수로서 집에 칩거하며 세 끼를 꼬박꼬박 찾아 먹는 사람)가 될 수는 없지 않은가.

　적어도 향후 30년은 돈이 되든 안 되든 나는 아침을 먹고 나와서 온종일 보람 있는 무엇인가를 해야 한다고 생각해보자. 어떻게, 무엇을 해야 할까? 그것을 돈 때문에 해야 한다면 지금까지와 다를 것이 뭐가 있겠는가? 이제라도 내가 좋아하는 일, 심취해서 시간 가는 줄 모르고 몰입할 수 있는 일을 찾는다면 남은 삶이 행복할 것이다. 그것이 생활에 보탬이 된다면 더욱 좋겠지만 그렇지 못하더라도 그동안 사회에서 받은 혜택을 돌려주는 일이라고 생각하고 준비하면 마음이 편할 것이다.

　후배나 동년배 중에 퇴직 후 이것저것 많이들 하고, 지금은 그래도 비교적 하기 쉬운 경비원이나 개인택시 같은 일을 하는 사람들도 있다. 또 직장에서 쌓았던 인맥을 이용해 관련 회사에 취업하는 경우도 있다. 그러나 그 기간이 너무 짧아 퇴직 후 3~5년 정도만 가능하다. 수입이 많지 않은 경우가 대부분이고, 그동안 쌓았던 인맥을 모두 망가뜨리는 경우도 있다. 적어도 내가 건강하게 활동할 수 있는 20년 정도는 무엇인가 할 수 있어야 하고, 내가 즐거울 수 있는 일을 찾아 나서는 것이 좋지 않을까.

나는 퇴직 후 막막한 상황에서 임대수입이 나오는 건물을 먼저 장만했다. 그 건물 1층에 회사에서부터 해왔던 안전환경보건 컨설팅 사업을 차렸다. 초기에는 사업이라고 하기에는 부끄러운 소규모였다. 봉사하고자 하는 마음으로 시작해 업무도 열심이었지만, 건물 관리업무도 같이 했다. 건물관리는 처음에는 아무것도 몰라 전문가를 불러 일을 맡기면서 배우고, 인터넷에서 동영상을 보면서 하나씩 익혔다. 필요한 공구는 아끼지 않고 사서 준비하기도 했다. 일은 좋은 공구와 장비가 하는 거라는 것도 깨닫는 시간이었다. 지금은 힘이 들어도 남의 손을 빌리지 않고 척척 해낼 수 있다. 처음부터 잘할 수는 없지만 못할 것도 없다. 다만 대충하는 것은 안 하는 것만 못하다. 하려면 전문가와 같은 수준으로 할 수 있어야 한다. 처음부터 대충하기 시작하면 영원히 전문가가 될 수 없고, 그 결과물도 점점 엉망이 되어 결과적으로는 전체가 누더기처럼 되는 경우가 많다.

모르면 이론을 마스터하고, 그 분야 장인을 찾아 배우자. 스스로 익혀 부족한 부분을 보충해나가면 무엇이든 잘할 수 있다. 배워도 어렵거나 전문가처럼 할 수 없는 부분은 내 능력 밖이니 나는 다른 분야를 열심히 하고 잘할 수 없는 부분은 전문가를 인정하고, 활용하면 된다.

지금까지 살아오면서 자신의 적성과 능력을 잘 알고 있으니 남보다 능력이 떨어지는 분야보다는 남보다 능력을 인정받을 수 있는 분야, 내가 흥미를 느끼는 분야, 주변의 누군가에게 적극적으로 도움을 받을 수 있는 분야에 남은 인생을 건다면 풍요로운 인생 이모작으로 성공할 수 있을 것이다.

TV 프로그램에서 110cm 키에 18kg 작은 몸을 가진 6세 배드민턴 선수(?)가 제작진이 마련한 미션(Mission)를 척척 해내고, 40년 동안 배드민턴을 친 우승 경력이 많은 89세 선수와 경기에서 승리했다.

놀라운 것은 태어난 지 4개월경에 '발달 지연' 판정을 받고도 경력 1년 만에 이 정도의 실력이라는 것이다. 그러나 이 아이의 노력을 보고 나서는 당연하다고 생각했다.

깨어 있을 때는 때와 장소를 가리지 않고 거실은 물론이고 작은 방 심지어는 화장실에서 볼일을 볼 때도 줄로 고정한 공을 치면서 계속해 목표를 가지고 재미있게 연습한다는 것이다.

이 정도의 노력으로도 세상에서 안 되는 일은 없을 것이고, 못할 것이 뭐가 있겠는가? 나는 저만큼 노력이나 해봤는가? 내가 가장 싫어하는 말이 못한다, 안 된다고 하는 것이다.

너무 긍정적이어서 손해를 보는 경우도 가끔 생긴다. 하지만 선친께서 "평생 논둑을 양보해도 논 한 마지기가 안 된다"라는 가르침을 주셨는데 이를 따르고자 한다.

모르는 것, 해보지 않은 것은 죄가 아니지만, 문제를 알고도 해결하지 못하는 것은 죄일 수 있다. 못하는 것은 죄가 아니지만, 반드시 해야만 하는 일을 핑계를 대면서 안 하는 것은 죄일 수 있다.

이제부터라도 해야 한다면 목표와 세부 목표를 정하고, 추진계획을 세워 단계별로 하나씩 열심히 달성해나가자. 언젠가 그 목표는 달성될 것이고, 결과적으로 좋은 열매가 맺힐 것이다. 못한다는 말, 안 된다는 말보다 할 수 있다는 긍정적인 생각을 가지고 시작하는 것이 중요하다. 못한다고 생각하면 핑계를 찾지만, 하려고 한다면 방법을 찾게 될 것이다.

시작은 반이니 반은 이미 달성한 것이 아닌가? 이미 반이나 달성했다.

사람은 누구나 잘하는 부분과 잘못하는 부분이 분명하고 지금까지 살아오면서 내가 잘하는 부분과 못하는 부분을 충분히 알고 있을 것이다.

친한 친구가 퇴직 후에 시간이 남아 무엇인가를 하고 싶던 차에 친구가 음악학원에서 아코디언을 배우자고 제안해 따라가서 같이 배웠다. 음악을 계속해왔던 그 사람은 1개월도 지나지 않아 기초를 마무리하고 상급반으로 나아갔다. 평생 음악과는 거리가 멀었던 친구는 6개월이 지났는데도 아직 기초반에서 헤매고 있다고 푸념하는 이야기를 들은 적이 있다.

물론 새로운 것을 배운다는 것은 권장할 만한 일이지만 얼마 남지 않은 인생을 이루지 못할 부분에 투자해 낭비하는 것도 바람직하지는 않다.

내가 그동안 잘했고 잘할 수 있는 부분에 노력을 더해 심화시키고 여유가 생긴다면 이를 통해 봉사활동도 하자. 사회의 일원으로서 누군가를 위해 무엇인가 도움을 줄 수 있다면 그것도 큰 보람이 아니겠는가. 꼭 돈만이 인생의 목표는 아닐 것이다.

물론 돈이 많고, 아무리 써도 줄어지지 않는 경제적인 자유를 얻는다면 그보다 더 좋을 수 없을 것이다. 하지만 모두가 그렇게 될 필요도 없고 그것만이 행복도 아니지 않은가?

하고 싶은 것하고 건강하다면, 아니 살아 있다면, 주변의 모든 것에 감사하는 삶이라면 충분히 만족스럽지 않은가. 이웃을 돌아보며 조금씩 손해 보면서 사는 것도 좋은 삶이다.

같이 근무했던 형님 한 분은 지금 80세가 넘었지만, 중학교를 졸업하고 회사에 들어와 멀리서도 동력기계 작동하는 소리만 듣고도 현재 상태를 알 수 있는 기계 전문가가 되었다. 같이 근무할 때는 기계과장을 했는데, 사택의 위아랫집에서 살면서 낚시도 같이 가고 형제처럼 스스럼없이 지냈다.

지금은 아무 연고도 없는 충북 어느 산골 마을에 자리를 잡아 그 동네는 물론이고 인근 동네의 모든 고장 난 농기계를 자원봉사로 수리해주고 있다. 나이가 많이 들었지만 심심하지 않고 봉사료는 시골 인심과 정으로 받고 있다니 한 번 찾아가 그 행복 노하우를 배워야겠다.

내가 가지고 있는 이런 재주를 나누는 것도 나의 기쁨이고 이웃을 기쁘게 하는 것이다. 주는 것이 받는 것이고 받으면 모두가 행복하다. 먼저 가져오고 나중에 돌려주는 사람은 도둑이 되고, 내가 대가 없이 먼저 주고 감사의 뜻을 돌려받거나 못 받는 사람은 우리 사회가 원하는 독지가가 아닌가. 결과적으로 모든 삶이 마찬가지이지만 먼저 주는 기쁨이 얼마나 큰지를 안다면 그것도 행복한 삶이다. 가진 것이 많아서 주는 것이 아니고 가진 것이 부족해 남의 것을 탐하는 것도 아니다. 내가 할 수 있는 것이 무엇인가를 찾아 그 일을 행하는 데 마음이 평온하다면 굳이 누군가 알아주는 것일 필요도 없다.

내가 잘할 수 있고, 남에게 피해를 주지 않으며 즐거운 것이라면 이제 어떤 것이라도 열심히 하는 것이 어떻겠는가?

그동안 충분히 최선을 다해 살아오지 않았는가? 너무 욕심내지 않아도 된다.

큰 회사와 작은 회사

　퇴직 후 회사를 창립하고(사업자등록을 하고 문을 연 상태), 여직원 한 명하고 일하던 시절에 가장 곤혹스러운 질문이 "직원이 몇 명입니까?"였다. 지금도 자주 듣는 질문으로 곤혹스럽기는 마찬가지다. 묻는 사람이 50~100명을 예상하고 묻는 기분이 들어서 그렇다.

　1인 기업이란 동네 의원이나 변호사, 법무사, 중개사, 회계사/세무사 사무실과 같은 형태로 운영되어 직원이 몇 명인가가 전혀 중요하지 않다. 기술사, 변호사, 법무사, 세무사가 어디에 근무하던 분인가, 어느 분야가 전문인가, 실적이 얼마나 있으신가를 묻는 것이 정확한 질문이다. 아직도 큰 회사 직원은 컨설팅회사와 엔지니어링회사를 착각하는 경향이 있다. 동네 의원이 어느 병을 잘 보는지보다는 간호사나 간호조무사의 숫자를 묻는 우를 범하지 말았으면 한다. 회사를 운영하면 규모가 작아도 전담 세무사를 두고 관리해야 한다. 세무사 얼굴은 보기 어렵고 담당 여직원이 모든 업무를 처리한다. 어쩌다 세무 관련 문의 사항이 있어 세무사를 찾으면 내가 아는 것보다 더 알지 못하는 경우가 종종 발생한다. 분야가 너무 넓어서, 법과 제도가 너무 자주 바뀌어서 본인이 경험하고 익힌 특정한 분야가 아니면 인터넷에서 찾아보는 것보다 더 모르는 경우가 허다하다.

나는 현업에서 같은 업무를 오랫동안 하고 초보 안전관리자의 궁금 사항을 해소해주는 "무엇이든지 물어보세요"라는 봉사활동을 상당 기간 했었다. 과거 후배가 운영하는 회사 홈페이지에서 관리하던 코너다.

그동안 모인 자료도 잘 정리하고, 퇴직해 지금까지 동일 업무를 하면서 많은 자료도 나름대로 잘 정리해 업데이트(Up-date)하고 있다. 초보자들이 자주 물어오는 질문들이 대동소이(大同小異)하지만, 간단한 궁금 사항이 아니라면 대부분이 법적인 문제라 명확한 자료를 첨부해 답을 해야 해서 가능하면 메일로 문의해줄 것을 부탁한다. 법도 수시로 변경되고 양식도 자주 변경되어 항상 최신 법을 업데이트하고 확인해 명확하게 답변하는 것을 원칙으로 하고 있다.

대부분 큰 회사 직원은 모든 회사가 자신이 다니는 회사와 유사하다고 생각한다. 나도 현직에 있을 때는 그랬었으니까.

당연히 부서별로 구분되어 업무를 처리하고, 직원이 많아야 일을 잘한다는 고정관념이 있다. 이것은 1인 기업에 대해서는 잘못된 고정관념이다. 1인 기업의 경우 1인의 경험과 능력, 열정이 회사의 역량이 되고, 그 회사 소속 직원들의 근속 연수가 능력을 좌우한다.

큰 회사 직원은 몇 명이 업무가 태만해도 꿀벌의 법칙에 따라 20%만 잘하면 회사가 성장한다. 작은 회사는 한 사람이 회사 전반적인 업무를 처리하고, 특별한 업무 일부만 동료 직원의 도움을 받는다. 그중 20%만 크게 잘못하면 해당 거래 업체는 거래가 중단되고 회사는 어려워진다. 반면에 20%만 잘하면 소문이 나고 계속 성장하고 발전할 수 있다. 큰 회사는 잘하는 직원이 빛이 나지 않지만 작은 회사는 직급도 경력도 상관없이 이런 직원이 회사를 이끌 수 있다.

1인 기업의 문제는 혼자서 업무 대부분을 관리하고, 경영하며, 비즈니스(영업)도 해야 한다. 물론 직원들의 역량이 중요하기도 하지만 계속해 동질의 일을 반복하고 있어, 사소한 문제라도 직접 만나서 자문을 듣거나 회의를 통해서 설명하기를 바란다. 유명한 동네 의원에 가서 의사가 바쁘다고 간호사와 면담하고 처방을 받아 약을 가져가는 환자는 상상하기 어렵다. 비록 그 간호사가 경력이 아무리 많다 해도 말이다.

큰 회사는 담당자가 상당 부분 결정할 수 있다 하더라도, 그 결정은 결재 단계별로 부정될 수도, 최종적으로 반려될 수도 있다. 반면 작은 회사는 담당자가 결정하면 그 결정을 번복하기가 어렵다. 견적을 내기 전에 대충 금액만이라도 제시하라고 해서 제시하면 그 금액이 상한선이 되어 번복할 수 없는 경우가 많다.

큰 회사 직원이 작은 회사의 고충을 이해할 때가 되면 퇴직할 때가 되었다고 생각하면 된다. 대부분의 큰 회사 직원은 작은 회사의 문제를 이해하지 못한다. 물론 작은 회사를 거쳐 큰 회사나 공기업으로 이직한 경우에는 이해가 빠르고 해결이 쉬운 사람을 만나는 경우도 있지만, 그마저도 그곳 생활에 익숙해져가면 그렇지 못한 경우가 훨씬 더 많다.

요즘 사법부의 행태와 판단을 보면서 큰 회사의 문제에서 발견되는 이런 안타까움을 느낄 때가 많다. 공무원들이 노량진 고시원에서 공부만 하다 시험에 합격하고, 연수원을 거쳐 실무 배치를 받고 선배들에게 배운 조직문화로 그들의 업무가 한정되도록 하는 것 자체가 사회적 제도의 문제고, 우리 사회의 병폐이기도 하다.

지금은 법학대학원 제도가 생겨서 사회 경험을 갖춘 사법부가 되어가고 있어 차차 개선될 것으로 보인다. 하지만 집안이 여유가 있는 자녀들만이 진학하는 문제가 또 다른 병폐를 만들 수도 있다.

아직 사법부와 연관이 되면 만족보다는 불만이 많은 것은 국민을 운운하면서도 국민보다는 권위에 집착하고, 오랫동안 폐쇄된 조직문화 탓일 수도 있다.

나는 오래전 현직에 책임자로 있을 때 회사 업무로 그곳에서 조사를 받은 적이 있었다. 좋은 경험은 아니지만, 나의 잘못이 아닌 업무로 그러한 경험을 한 부분은 인생에 많은 도움이 되어 감사할 일이다. 내가 언제 그런 경험을 하고, 그곳에 갔다 와서 건물 상층과 바위에서 뛰어내리는 분의 심정을 이해할 수 있겠는가?

지금은 위원/자문위원으로 그 조직과 소통하고 있지만, 아직 사적으로 진지하게 자문을 요청받은 적은 없다. 한때는 '배려'라는 구호가 등장해 기대를 모은 적도 있지만, 이제라도 서로의 입장을 배려하고 이해하려는 노력이 사회 여러 분야에서 시도되었으면 한다.

근래에 소비 제품을 판매하는 회사들 대부분은 고객을 향한 서비스 만족도 조사 같은 것을 통한 개선에 노력하고 있다. 이제는 고객이 '을'이 아닌 '갑' 대접을 받으면서 상품을 구매하는 시대가 되었는데, 국민을 주인으로 섬기는 국가 조직은 아직도 곳곳에서

'갑'으로 남아 있는 부분이 상당 부분 발견되고 있으니 안타까울 뿐이다. 내가 낸 세금으로 급여를 받으면서 권력이라고 휘두르는 무딘 칼에 오늘도 국가 경쟁력을 낮추는 상황이 발생한다.

기술적으로 아직은 미숙한 공직자가 경험이 많은 선배들이 작성한 자료를 함부로 깎아내리거나 불필요한 자료를 요구해 많은 시간을 낭비하도록 해 국가 경쟁력을 떨어뜨리는 부분이 대표적인 사례다.

특히 중소기업이 어려운 여건 속에서 진행하고 있는 프로젝트(Project)인 경우 도와주고자 하는 마음으로 접근할 수 있도록 고객 만족도 조사 같은 것을 공직사회에도 도입할 정치공약은 왜 없는지 모르겠다. 큰 조직에서는 알 수 없는 어려움을 작은 회사에서는 많이 안고 있다. 인력도 부족하고, 능력도 부족하고, 자금도 부족하니 상호 교류하면서 서로 도움이 되는 방안을 모색하고, 이해의 폭을 넓힐 수 있는 장이 마련된다면 국가 경쟁력 제고에 참 좋으련만….

한때는 국가 조직과 기업 간에 상호 파견 근무 같은 좋은 제도가 시행되어 상호 이해의 폭이 증대되는가 싶더니 어느 날 슬그머니 사라지고 말았다.

서로서로 이해하고 배려한다는 것은 더불어 살아가는 우리 사회의 발전을 돕는 길이다. 이 길이 우리 모두 같이 잘 사는 방법이라는 것을 다 알면서도 현재의 내가 불편하지 않으면 모른 체하고 넘어간다. 하지만 언젠가 나에게도 그런 상황이 올 수 있다. 물론 그 사실을 알게 될 때는 이미 늦어 퇴직할 때가 되었거나 이미 퇴직해 그러한 불이익을 당하고 불평을 당하는 사례들도 있다. 우물 안의 개구리요, 올챙이 적 생각을 못 하는 것이 사람이라니….

과장과 부장의 차이

회사에 다니다 보면 신입사원부터 임원까지 많은 단계를 밟아 승진하고, 발전하면서 궁극적으로는 퇴사를 향해 간다. 같은 동기끼리 누가 먼저 승진하고, 누락되는지 등 그렇게 희로애락을 맛보면서 회사 생활을 계속한다.

대단히 중요한 부분으로 직장인의 자존심을 건 생존경쟁의 현장이다. 하지만 지나고 나면 모두가 부질없는 경쟁이고, 결과적으로는 그 차이도 별것 아니다.

퇴직자 모임, ○○사 OB(Old Boy의 약호, 졸업생, 선배) 모임에 가보면 회사 퇴직 전 직책이 그렇게 중요하지도 않다. 현재의 위치가 훨씬 더 중요하게 작용한다. 점심이라도 한 끼 살 수 있는 능력이나 OB 모임 여행 같은 단체 행동 시 금일봉이라도 내놓는 여유 말이다. 울산에는 퇴직 공장장 모임이라는 이름으로 발족되어 지역 사회에 봉사도 하고, 정부와 지방정부에서 나오는 중소기업 지원 프로젝트도 하는 모임이 활성화되어 있다. 초기에는 전 직책에 따라 회장을 선임하더니 지금은 정부나 지방자치 단체 지원 프로젝트 수행 능력이나 대관 행정 능력, 공약 같은 것이 크게 작용하는 것 같다.

대학을 졸업한 후 입사해 평생 직장생활을 하고 공장장·임원으로 퇴직한 분도 있고, 과장, 부장으로 퇴직하는 경우도 많다. 중소기업 같은 경우에는 대부분이 임원까지 승진하지만, 자리가 한정되고 회사가 크게 성장하지 못한 기업에 근무한 경우는 과장이나 부장에서 퇴직한 경우도 있다.

어떤 회사는 임원이 되면 주식을 배분해 노후를 보장하는 예도 있지만, 대부분 중소기업이나 개인 기업의 경우에는 급여를 주는 것으로 끝나는 경우도 많다. 퇴직 후 2년 정도 고문 등으로 예우를 해주는 경우는 회사의 형편이 좋은 경우이고, 비밀 관리 등의 목적도 있다.

과거에는 퇴직 전 직급을 호칭해 예우했으나, 지금은 현직을 우선시해 호칭하는 것으로 변화가 되고 있고, 친분에 따라 호칭이 바뀌는 부분도 있다.

퇴직자들은 대학에서의 전공이나 현직에서의 경험을 살려 취업하는 경우가 많지 않다. 지금으로부터 35년 전, 본사에서 필요해 미국에서 오신 은퇴자에게 몇 달간 자문받은 경험이 있다. 국내에도 그런 프로그램이 활성화되고, 필요한 부분과 경험이 잘 연결이 된다면, 많은 경험과 노하우를 전수받아 회사는 물론 국가 발전에 도움이 될 것이라 확신한다.

우리나라에는 이러한 역할을 수행하는 네트워크가 있는지 알수가 없고, 필요한 경우 경험이 잘 정리된 전문가 리스트도 찾을 수 없다.

'사람인'이나 '워크넷(Work-net)' 등의 인재 풀(Pool)이 존재

하긴 하나 채용이 주 업무인 것 같다. 이러한 경험과 능력을 갖춘 분들을 간단하게 실비나 봉사료만으로 활용하도록 하는 기능은 아직 많이 부족한 듯하다. 어차피 나이가 많은 분들의 훌륭한 경험과 실패한 경험을 최소한의 비용으로 활용해 중소기업에도 도움이 되고 은퇴한 시니어(Senior)들에게는 여행이나 봉사의 기회를 드리는 것도 바람직할 것으로 생각한다. 이 방법은 이미 미국에서 수십 년 전에 시행했던 제도이기도 하다.

이 경우 경험치와 노하우를 필요한 부분과 정확하게 일치시킬 수 있어야 큰 효과를 얻을 수 있고, 필요한 경우 원 포인트(One Point) 자문을 활용하는 것도 필요할 것이다.

우리나라는 아직 취업만을 이모작으로 인식하고 있는 문화라고 볼 수 있다. 실제로는 꼭 필요한 경험과 지식이 상호 간에 연결될 수 있다면 그 기간에 상관없이 상호 간에 많은 도움이 될 것이다.

앞서 언급한 "무엇이든지 물어보세요"라는 코너를 관리할 때는 현직에 있었다. 대학 강의도 나가면서 지식에 대한 갈구도 있어서 문의 사항에 대해 적극적으로 답했었다. 그러나 문의 사항이 늘어나고 너무 많은 시간을 빼앗기다 보니 어쩔 수 없이 그만둘 수밖에 없었다. 대학 동기 중에 미국에서 냉난방 사업을 하는 친구의 이야기를 들어보니 미국에서는 전화로 애로 사항을 상담만 해도 시간당 일정한 비용을 지불하도록 되어 있다고 한다. 우리도 이런 시스템(System)이 도입되면 전문가에게 간단히 상담해 문제를 해결하고, 필요한 경우 직접 도움을 받을 수도 있을 것이다.

주변에서 사람이 필요해 구인하다 보면 퇴직자의 대부분은 자기가 잘할 수 있는 분야에 대한 설명이 미흡하고, 현직에서 받던 급여 이상을 제시하면서 구직을 하는 경우를 많이 본다. 특히 임원을 하신 분들은 실무를 잘하지 못하면서 임금만 높은 경우가 많아 취업을 알선하는 경우 난감하다. 따라서 이런 분들이 재취업을 하는 경우는 드물다. 취업이 이루어져도 대부분 중소기업에 큰 도움을 주지 못하고 일정 시간이 지난 후 피해만 주고 떠나는 경우가 많다. 이제부터라도 쌍방에 이익이 되는 구직과 취직이 될 수 있는 재취업의 장이 마련되어 쉽게 필요한 경험과 지식을 갖춘 인재를 구할 수 있었으면 한다. 중소기업에는 큰 도움이 될 것이고, 퇴직 후 구직을 원하는 사람에게는 자신이 가장 잘하는 일자리를 얻고, 함께 보람을 얻을 수 있을 것이다.

퇴직한 사람을 구하는 경우 사업주가 원하는 사람은 어느 분야를 맡아 책임지고 운영해 궁극적으로는 회사에 흑자를 만들어내거나 문제가 발생하지 않도록 관리하기를 원한다.

내가 컨설팅하는 회사의 안전담당자는 1년이 멀다고 바뀐다. 그 직책이 부장 또는 이사인데, 직장생활을 충분히 하고 퇴직하신 분들인데도 자기 분야의 도면을 보지 못한다든지 용어를 이해하지 못하는 경우도 있고, 대관업무를 고압적으로 수행해 일을 꼬이게 해 회사를 난감하게 하는 경우도 있다. 참으로 안타까운 것은 재취업한 회사를 퇴사하고 곧바로 취업 관련 사이트에 다시 이력서를 올린다는 것이다. 취업하고, 본인이 부족한 부분을 인지했다면 즉시 배우고 익히고, 알면 될 것을 전혀 이러한 노력을 하지 않고 몇 군데 회사를 전전하다가 소문이 나서 취업이 어려우면 마지막에 경비원으로 간다.

이제라도 모든 것을 내려놓고 내가 알고 있는 부분을 사회에 환원하겠다는 마음으로 중소기업 취업에 도전하고, 취업이 되면 그 회사에 어떤 도움을 줄 것인지 고민한다면 어떤 회사에서라도 나이에 상관없이 건강이 허락할 때까지 근무할 수 있을 것이다.

월급쟁이는 사장이 될 수 없지만, 퇴직 후 이모작에 나서는 사람은 내 사업을 하는 것처럼 회사의 이익을 챙기고, 매출을 관리하고, 고객의 만족도를 스스로 관리하면 직책이나 직급과 관계없이 회사에는 많은 도움이 될 것이고 본인도 큰 보람을 얻을 수 있을 것이다.

자신의 성격이나 능력이 재취업에 적당하다고 판단되어 재취업에 나선다면 취업사이트에서 본인과 유사한 경력을 가진 사람의 희망 급여 정도는 찾아봐야 한다. 중요한 것은 내가 취업하는 회사에 어떤 도움을 줄 수 있는지 먼저 고민해야 한다는 것이다.

과거에 내 경험과 직급은 모두 내려놓고 이제는 취업준비생의 마음으로 내가 잘할 수 있는 분야에서 부족한 부분을 채우고, 해보고 싶은 분야에 대한 경험치도 높일 수 있는 재취업 자리를 찾는다면 그 회사도 도움이 되겠지만 나에게는 즐거움과 보람을 덤으로 선사할 것이다. 이제라도 내가 하는 일이 어떤 성과를 만들어 내는가 확인하고, 그 성과를 달성하는 보람을 찾는다면 나름대로 인생이 재미있어지지 않을까 생각해본다.

이런 마음가짐으로 취업을 위한 자기소개서를 작성하고, 이런 믿음과 자세로 임한다면 바로 재취업의 문은 열릴 것이다. 경력자를 뽑는 기업이 원하는 것은 몸으로 때우는 일이 아니고 경험과 그동안 갈고닦은 실력으로 일을 처리해주기를 바라는 것이다. 굳이 젊고 유능한 신입직원이 아닌 사고가 경직된 나이 든 사람을 찾는 이유를 한 번 더 생각해보면 답은 명확하다.

05

꿈과 현실

　사람은 누구나 자존심과 자존감을 가지고 살아간다. 자존심(Pride, 남에게 굽히지 않고 스스로 높이는 마음)이 너무 강하면 사회성에 문제가 발생한다. 그러나 자존감(Self-esteem)이 강하다고 문제가 발생하지는 않는다. 현실에서 자존감을 키우는 노력은 반드시 필요하지만, 채울 수 없는 욕망이 되면 곤란하다. 퇴직자 중 쓸 만한 인재를 구하기 위해 재취업사이트에서 수시로 찾아보지만 어떤 능력이 있는지, 취업하면 무엇으로 도움을 줄 것인지 구체적인 제시는 없고, 직장 경력(나이가 많음)과 자기가 참여했던 프로젝트를 나열하는 것이 대부분이었고, 높은 급여만 제시되어 있다. 많은 돈을 받으면 좋겠지만 이제는 모든 것을 내려놓고 내가 받는 돈만큼 어떻게 일할 수 있는지, 무엇을 잘할 수 있는지 생각해봐야 한다. 내가 필요한 부분에서 사회에 봉사하는 마음으로 재취업 문을 두드리기 위한 준비가 필요하다.

　우리나라도 어느덧 고령화 사회에 접어들었다. 고령화 사회의 분류는 한 나라에서 65세 이상 인구가 전체 인구의 7%를 넘으면 고령화 사회(Aging Society), 14~20%인 사회를 고령사회(Aged Society), 20%가 넘는 사회를 초고령화 사회(Super-aged Society)라고 한다.

우리나라는 2000년 7.2%를 돌파한 후 2010년 10.7%, 2020년 15%를 넘어 초고령화 사회를 향해 대단히 빠른 속도로 가고 있다.

저출산으로 인해 이 추세는 점점 가속화되고 있으나 뾰족한 대책이 나오지 못하고 있다. 고령화 사회의 가장 큰 문제점은 저출산 문제와 맞물려 적은 수의 경제활동인구가 많은 노인 복지를 담당해야 한다는 것이다. 경제활동인구가 적어진다는 것은 사회나 국가 전체의 경제발전을 저해하는 요인이 될 수 있다.

우리나라는 '빨리빨리' 같이 발전을 가속하는 좋은 문화도 있지만, 산업재해율, 교통사고 사망률, 출산율, 자살률같이 OECD 국가 중 나쁜 수치를 보이고도 수십 년째 개선되지 않고 있는 부분도 있다. 이러한 문제들이 있다는 것을 모두가 알고 있는데 해결이 되지 않고 있는 것은 그 원인이 어디에 있는 것인가?

문제는 세계 최고 수준의 고령화 속도로 일본의 고령사회 진입(0.75=18년/24년), 초고령화 사회(0.67=8년/12년)와 비교해 너무 빠르다는 것이다.

그런데도 정치권에서는 복지부담을 계속 늘려 부채를 감당하기 어렵고, 이에 대한 대책 제시도 찾아볼 수 없다. 미래의 어려움에 대한 구체적인 대비는 크게 부족하다는 것이다. 기대수명은 계속해서 늘어나고 있는데 일자리는 줄어든다. 소비성향은 하향 조정되어 자영업자들은 늘어나는데 성공하기는 점점 어려워진다는 것이다.

미래 초고령화 사회에는 더 많은 복지가 필요해지고 젊은이가 줄어든다면 세금은 줄게 될 것이다. 이제부터라도 다음 세대를 위해 국가 부채를 줄이는 노력을 제시할 수 있는 국가 지도자는 어디에 없을까?

내가 만난 예비퇴직자들 대부분은 직장생활이 영원히 계속될 줄 알고, 노후는 먼 미래라고 생각하고 준비나 노후 걱정은 하지 않는 경우가 대부분이다. 대책이라고는 국민연금만 있는 경우가 많고 아무런 준비도 하지 않는 분도 반 이상이 된다.

우리나라 노인빈곤 수준이 OECD 국가 중 최고인 것도 주지의 사실이다. 50대 이전에는 안정적인 직장이 있어 중산층의 삶을 살지만 50대 이후 고용 안정성이 떨어지고 노후 준비가 부족해 취약계층으로 전락하는 경향이 나타나 노인 인구의 50% 이상이 빈곤층으로 전락하고 있는 것이 작금의 현실이다.

특히 50대 은퇴 후 창업을 시작해 과당 경쟁 속에서 살아남지 못해 폐업과 실패를 경험하면서 가지고 있는 자산마저 탕진하고 더 빨리 극빈층으로 전락한다.

근래에는 나이가 들어도 자녀들에게 어떤 요구도 하기 힘든 세대이다. 오히려 유효기간이 없는 A/S를 요구받는다. 손자를 보살펴야 하고, 이벤트가 있을 때마다 무엇인가 계속 도움을 주어야 만족한다. 그래서 노후의 삶은 고단하고 쉴 수도 없다.

스스로 건강관리를 열심히 하고, 가정이나 사회생활에서 일정한 역할을 담당해 기여해야 한다. 젊은이들의 소리를 경청하고 큰소리 대화는 삼간다. 샤워와 양치질을 자주 해 몸과 입 냄새 예방에 힘을 쓰며 잔소리, 야단, 나무라기 등 부정적인 말하기를 조심해야 한다. 건강할 때 지갑을 열어 내어주고, 긍정적인 언어와 칭찬을 열심히 자주 사용해야 한다.

자주 가까운 친구들과 어울려 소통하고 신문과 인터넷, SNS 내용도 숙지해 대화 자료를 준비하고, 모르는 용어나 시사 내용은 메모해 숙지해야 젊은이들과 가까이 지낼 수 있다.

퇴직하면 취미생활을 하면서 전원주택에서 여유 있게 노후를 보내는 꿈을 가지고 있었다. 그런데 전원주택을 마련한 친구가 자연을 가꾸는 취미가 없다면 이 또한 고단한 삶을 마주하는 것이다.

몸에 배어 있지 않은 자연생활은 매일 쑥쑥 자라는 풀과의 전쟁이 되어 여유시간을 뺏어간다. 취미생활을 하는 친구들은 시간적인 여력이 없어 친구를 멀리한다. 젊은이들은 부담스럽다고 자기들끼리만 어울리니, 이것이 나이 먹은 사람의 꿈과 현실의 괴리다.

어떤 모임에 젊은이들이 끼워주면 지갑을 열어야 하고, 잔소리는 닫아야 다음에 또 부를 것이 아닌가. 언제 가버린 세월인지도 모르게 가버린 세월을 탓하지 말자. 지금이 가장 젊은 나이이니 열정을 가지고 지금의 나를 위해 무엇인가를 열심히 해야 하지 않겠는가.

퇴직하면 좋은 대학을 졸업하고, 많은 경력이 있으니 갈 곳도 많고 부르는 곳도 많을 것 같지만 퇴직 후는 그동안 공적으로 만난 사람들은 자연스럽게 멀어진다.

새로운 인연이 만들어지고 새로운 인생이 시작되는 경우가 많다. 직장의 분위기에 따라서는 OB와 유대 관계가 연결되기도 하지만 많은 회사는 퇴직과 동시에 소통이 단절된다.

그래서 나는 옛날 인연 중 현직에 있는 사람이 먼저 연락하지 않으면 끊고 지낸다. 현재 인연이 소중하다고 생각하고 돌려받을 수 없더라도 지금 만나는 사람의 애경사에 열심히 참석한다. 내 마음을 편안하게 하기 위해서다.

현직에 있을 때 회사에서 관리할 수 없는 대관 업무용 분석기 기를 외주로 처리하고 있었다. 하는 업무야 주기적인 고장 관리와 임의 조작 방지가 전부로 전문적인 기술이나 노하우가 축적되는 업무가 아니어서 현직에 있을 때 그 업무를 담당했던 나이 많은 부하직원이 퇴사해 생활이 어렵다는 이야기를 들었다. 협의를 했더니 잘할 수 있다고 한다. 계약이 만료되어 공장장을 설득하고, 현재 외주를 맡아 하고 있던 직원을 인수하는 조건과 현재의 비용으로 맡기로 했다. 회사 사정도 잘 알고 직원들과의 유대 관계도 좋아 상당 기간 잘하고 있었는데, 내가 퇴직하고 나서 바로 그 일을 하지 못하게 되고 얼마 지나지 않아 스트레스로 세상을 떠났다는 소식을 들었다. 현직에 있을 때는 퇴직한 선배의 어려움을 전혀 알지 못했다. 본인이 공정하고 정의롭다고 생각해 선배들을 대하지만 이러한 조그만 배려가 우리 사회를 더욱 따뜻하게 할 수도 있을 것이다.

06

인생을 경영하라

사람은 자의적으로 태어나지는 않았지만 본인 인생은 스스로 살아왔고, 지금도 살고 있다. 삶을 허송하는 것도 가꾸는 것도 모두 본인이 하는 것이다. 그래서 불혹(40세)이 되면 본인의 얼굴에 책임을 져야 한다고 했다.

무엇이 될 것인가는 스스로 의식하고 살았든 의식하지 않고 살았든 상관없이 자기가 결정하게 된다. 대학을 졸업하고 취업이 급하다 보니 아무 곳이나 내가 필요한 곳에 들어가서 일하고 결혼하고 살다 보면 40대가 되는 세상이다.

그런 과정에서 하루하루를 얼마나 알차게 보내느냐는 대단히 중요해 일정한 기간이 지나고 나면 본인이 의식하지 못하는 사이에 결과로 나타난다.

모든 경영에서 가장 중요한 것이 방침이고 목표다. 미래의 나의 모습을 미리 그려보고 설정하는 것이다. 방침과 목표가 설정되면 구체적인 세부 목표들이 세워지고, 이를 달성하기 위한 구체적인 추진 계획(Program)을 세워야 한다. 계획대로 인생이 되는 것은 아니지만 생각대로 되고 있는지를 최소한 분기별로 확인(Monitoring)해 계획을 수정하거나 마음을 다잡아야 한다.

옛말에 작심삼일(作心三日)이라고 했다. 때로는 작심 일주일이기도 하고 열흘이기도 하면서 나는 작심삼일도 일 년에 100번이면 된다고 이야기한다. 목표가 세워지고 관리하다 보면 언젠가는 목표를 초과 달성할 때도 있고, 미달할 때도 있지만 마음먹기에 따라 언젠가 목표는 달성된다.

매일 같이 운동하는 목사님이 퇴임 후에 가장 중요한 3가지를 알려주라고 부탁해 바로 돈, 취미, 친구(아내)라고 했다. 돈은 많이 필요한 것은 아니지만 그래도 적당히 있어야 한다. 얼마나 있으면 좋을까? 쓰고 남을 정도면 충분하다. 물론 이것이 부자의 조건이기도 하지만 돈은 내가 쓰고 남을 도울 수 있을 정도면 충분하다. 아무리 많아도 내가 쓰고 부족하면 가난을 벗어나기 어렵다.

친구, 클럽 동료들에게 따뜻한 차 한잔 대접할 수 있어야 하고, 필요할 때 남만큼 찬조금을 보낼 수 있어야 원로 대접을 받을 수 있다. 이 중에서도 권장하는 것은 목돈보다도 매달 입금되는 현금이 있으면 좋다. 이를 위해서 내 주변에서 이런 삶을 사는 분이 있다면 삼고초려(三顧草廬)를 해 스승으로 모시고 배워서 내 것으로 만들면 될 터다. 이 정도의 노력이야 그렇게 어렵지도 않고 누구나 쉽게 할 수 있을 것이다. 현재 보유한 돈이 적거나, 버는 것이 어렵다면 쓰는 것을 줄여야 하는데 이것이 쉽지 않다. 직장을 퇴직한 선배 중 이러한 상황을 이미 경험하고 이를 훌륭하게 극복해내서 지금은 유유자적(悠悠自適)하시는 선배가 주변에 반드시 있을 것이다. 이 선배를 찾아가서 내가 그렇게 되도록 도움을 받아

내 것으로 만들면 된다.

그 선배가 부모님에게 많은 부를 물려받았다면 모르겠으나 나처럼 직장생활 후 퇴직했다면 시작점은 대동소이할 것이라 믿는다. 어떤 노력과 방법들이 있었을 것인데 그 방법을 배우면 될 것이다. 부자가 되고 싶으면 부자가 서는 줄에 서야 부자가 될 것이 아닌가.

취미는 할 일 없는 사람이 노는 것이 아니고 심취해서 시간 가는 줄 모르고 몰입할 수 있는 어떤 것이다. 그것이 무엇이든 남에게 피해를 주지 않는다면 비난해서는 안 된다.

취미가 인간을 성장하게 하고 발전하게 하기도 하지만 인생을 풍요롭게 하는 마력도 있다.

취미가 없다고 대답하는 사람도 있지만, 직장생활을 하면서 일이 취미인 사람은 없다.

무엇인가를 하려면 학원도 다니고 선배에게 배우면서 취미활동을 해왔을 것이다. 그 취미가 일정 수준에 오르면 돈을 만드는 취미가 될 수도 있다. 취미가 일로 바뀌면 성과물로 돈이 만들어진다는 이야기다. 물론 소비재가 생겨나는 가난한 취미도 있다. 즐길수록 계속 돈이 들어가는 취미는 가난한 취미다. 그러나 생각을 바꾸면 소비재를 효과적으로 사용해 제품으로 만들 수도 있다. 취미로 효과를 낼 수 없는 취미도 많다. 그 자체를 즐길 수 있는 능력이 된다면 같이 어울리면서 사는 것도 좋은 방법이다.

저녁 식사를 마치고 전화하고 찾아가 차를 나눌 수 있는 친구, 아무 때나 만나 취미를 즐기거나 진솔한 대화를 나눌 수 있는 친구. 오래될수록 좋겠지만 어제 만난 친구라도, 나이 차가 많이 나는 친구라도 전혀 관계가 없다. 여기서 가장 좋은 친구는 내 곁에 있는 아내이고, 남편이다. 저녁상을 물리고, 서로 존경의 대화 사랑의 대화 감사의 대화를 나누면서 집 근처의 유원지나 공원을 산책하는 것은 가장 좋은 친구를 갖는 방법이다.

어느 회장님이 은퇴하고 노후를 즐길 곳을 찾아 한가한 어촌을 찾아갔는데, 어촌 바닷가에 한 젊은이가 한가롭게 방파제 위에 누워 여유를 즐기고 있었다. 회장님이 안타까워 이렇게 말했다.

"이보게 젊은이! 젊어서 고생은 사서도 한다는데 돈은 안 벌고 왜 이렇게 빈둥거리고 있는가?"
"돈은 벌어서 뭐 하게요?"
"큰 배를 사야지."
"큰 배를 사서 뭐 하게요?"
"더 많은 돈을 벌어야지."
"더 많은 돈을 벌어서 뭐 하게요?"
"그래야 나처럼 노후를 잘 보낼 수 있지 않겠는가!"
"그래요. 지금 제가 뭐 하고 있는 것 같습니까?"

인생의 목표를 어떻게 설정하든지, 어떻게 살든지 모두 자기가 결정하고 사는 것이다. 그러나 노후에 빈곤자가 되어 취업하러 다니고, 자식들에게 짐이 되는 그래서 젊은 날보다 더 어려워지는 삶에 대해 생각하면서 오늘부터 새롭게 준비하는 것이 좋지 않을까?
내가 살아야 하는 인생을 남의 삶처럼 준비하지 않고 아무 생각

없이 하루하루 보내다 보면 세월은 언제 갔는지도 모르게 가고 갑자스럽게 퇴사 명령이 다가와 준비 없는 노후를 맞이하게 될 가능성도 있다. 작은 목표도 이룰 수 있다면 더 큰 목표도 달성할 수 있을 것이니 준비하고, 계획하고 도전해 포기하지 않는다면 못 이룰 것이 없을 것이다.

안 된다는 생각, 못한다는 생각보다 할 수 있다는 마음, 남이 하면 나도 할 수 있다는 자세로 하면 무엇인들 이루지 못하겠는가?

쉽고, 바로 달성할 수 있는 작은 목표도 좋지만, 누구나 할 수 없고, 좌절이 따르는 목표를 달성해야 더 빛이 난다. 이런 성취감이 다음에 큰 도움이 된다는 것을 알아야 한다.

누군가는 힘들었겠지만, 시험에 한 번 합격해 평생 부귀영화를 누리고 있지 않은가?

쉬운 길만이 좋은 길이 아니고 힘들고 어려운 길도 끊임없이 포기하지 않고 갈 수만 있다면, 달성할 수 있을 것이다. 힘든 만큼 보람과 그에 따른 보상이 따른다는 것을 알아야 한다. 공든 탑이 무너지지 않듯이 큰 노력과 각고의 희생 뒤에는 반드시 큰 열매가 맺힌다. 너무 조급해하거나 서두르지 말고 목표를 향해 뚜벅뚜벅 나아가는 용기가 필요하다. 그리고 포기하지 않는 끈기가 목표를 이루게 할 것이다.

07

긍지^{자존감}와
자만심

    사람을 만나다 보면 별의 별사람이 다 있다. 잠깐만의 대화로도 그 사람의 인격과 삶의 깊이를 헤아려볼 수 있다.

    자존감이 높은 분은 대하기가 편하고, 배울 부분도 많다. 자만심만 높은 분은 사소한 대화에도 오해가 발생하고 오래가는 데 많은 어려움이 따른다. 내가 아는 세무사 한 분은 여유가 있어 전국 회장도 맡아 잘하시는데 특정한 사람과의 관계가 원만하지 못하고, 술을 너무 좋아하고 공적인 대화 중에도 불필요하게 상황을 자주 악화시키는 경우를 일으킨다. 본인 말로는 자기가 학력 콤플렉스(Complex)가 있다고 이야기하면서도 그 이유나 원인은 자세하게 이야기하지 않는다. 모임이 있으면 언제나 불필요하게 모든 돈을 본인이 감당하려고 하니 좋은 부분도 있지만, 항상 모든 구성원이 좋아하는 것도 아니다.

    나중에 안 이야기지만 가난 때문에 고등학교를 중퇴하고 세무 공무원이 되어 나중에 검정고시를 거쳐 고등학교를 마쳤고, 퇴임 전에 세무사 자격을 따서 세무사 사무실을 운영하고 있는데, 자녀가 한 명 있어 여군 장교로 근무 중이라고 수시로 자랑을 많이 하니 아무런 문제가 없어 보인다.

현재 보유자산은 일반 퇴직자와 크게 다르지 않고 세무사 사무실 수입과 조그만 건물에서 나오는 약간의 수입이 전부라니 이런 모든 상황이 정상적이지는 않다는 생각이 든다.

그 마음속에는 가난과 학교에 대한 심각한 상처가 남아 아직도 치유되지 않아 여러 상황에서 상식과 맞지 않는 괴력을 발휘하고 있는 듯하다.

최근에 만난 예비역 중령 친구는 친한 사람에게 "내가 도둑질을 하자고 해도 해야 하는 것이 아니냐?"라고 한다. 물론 사람이 친하다 보면 친구의 불의를 눈감아주고 약간의 불이익은 감수하는 것이 친구가 아니던가? 그러나 반대로 자신이 "친구의 불의한 요구에도 기꺼이 불이익을 감수할 준비는 되었는가?"라는 물음에도 답할 수 있어야 한다. 자기는 전혀 손해 볼 생각이 없으면서 친구의 손해를 요구하는 것은 자만심으로 사회적인 고립을 자처하는 지름길이다. 자존감이 높은 분은 어떤 말을 해도 긍정적이고 편한 대화를 나눌 수 있고 상대의 의도가 나쁘지 않다면 이해하려고 한다. 그러나 자존감이 떨어지고 자만심만 높은 사람을 대하는 것은 여간 조심스러운 일이 아니다. 뿐만 아니라 언젠가는 오해로 인해 사이가 멀어지는 일이 발생하게 된다. 좋은 의도로 대화를 나누다가도 본인의 아킬레스건이 되는 단어가 나오면 즉시 돌변하는 반응을 보이는 일이 반복되면서 원만한 인간관계가 깨지게 된다.

이런 사람은 자기보다 힘이나 권세가 있어 자기에게 유리할 것으로 생각되거나 자기에게 유리한 부분은 잘 기억한다. 그러면서도 상대방의 호의나 좋았던 관계는 기억하지 못한다. 자기에게 일

방적으로 좋은 말이나 행동만을 하는 사람에게는 잘 대한다. 하지
만 바른말을 하고 잘못된 부분을 지적하는 사람은 멀리하는 인간
관계를 맺고 산다.

우리는 책과 좋은 대화를 통해 많은 경험과 지식을 받아들여
자존감을 키우는 노력을 해야 한다. 폭넓은 인간관계를 통해 나
에게 조언을 아끼지 않는 스승을 받아들일 수 있는 여유를 가져
야 한다.

사람이 살면서 항상 좋은 대화만 나눌 수는 없지 않은가. 덕담도
중요하지만 잘못된 부분을 이야기해줄 수 있는 그런 친구가 있어
야 한다. 그래야 마음을 열면서 부담 없이 만날 수 있다.

어떤 손해도 기꺼이 감수해줄 수 있는 친구가 될 수 있다면 좋
은 친구이지만 친구에게 손해를 요구하는 친구는 좋은 친구가 아
니다.

살아가면서 친구에게 신세를 질 수도 있고 친구에게 손해를 볼
때도 있다. 그러나 이것을 자랑삼아 다른 친구나 제삼자를 통해
상대에게 다시 전해진다면 그 감사함은 분노나 비수가 되어 친구
를 잃게 되는 계기가 되기도 한다. 친구에게 베푸는 어떤 것도 당
연한 것으로 여기고 잊어버리고 친구에게서 받은 감사함은 잊지
말고 영원히 기억해 되돌려주려고 노력해야 진정한 친구로 오래
기억되고 남을 것이다.

내가 대학 다닐 때였다. 전방에서 군대 생활을 하는 친구가 있
었는데 서울에서 공무원으로 일하는 친구가 같이 면회를 가자고

했다. 나는 가지 못하겠다고 사양했다. 이유를 물어 사실은 시골에서 학자금이 올 시기에 오지 않아 면회 갈 시외버스 요금조차도 여유가 없다고 했더니 그 정도야 자기가 부담하겠다고 해서 감사한 마음으로 같이 다녀왔다.

한참이 지나 나도 그때의 기억을 잊고 직장을 얻어 가까이 살았다. 그 친구와 둘도 없이 가까이 지내면서 가족 간에도 형제처럼 즐거웠다. 언젠가 문득 아내가 전방 친구 면회를 하러 갈 때 그 친구가 도와주었냐고 물어서 그런 적이 있다고 어떻게 아느냐고 물었더니 그 친구 부인이 자랑삼아서 하더라고 했다. 나는 그 일로 고마운 마음에 첫 월급 타자마자 그 친구를 불러내어 거나하게 한잔 사고 감사한 마음도 전했는데….

뒷머리를 얻어맞은 기분이 들고, 그 친구가 갑자기 멀어지는 느낌이 들었다. 얼마 후에 다시 또 다른 지인을 통해 그가 나에게 베풀었던 영웅담이 들려왔다. 친구의 어려움과 약점을 드러내면서 자랑하는 그가 좋은 친구는 아니라는 생각에 가깝지도 멀지도 않은 친구 사이로 남아 있다.

인간관계에서 남을 배려한다는 것은 대단히 중요하다. 가족 간에도 넘어서는 안 되는 선이 있다. 며느리나 사위가 아무리 가까운 사이라고 하더라도 자기감정을 일시에 토해내는 우를 범하면 영원히 남이 되어버리는 경우를 많이 봐왔다. 가족 간에 감정의 골이 생기면 행복을 담보하기 어려우니 어떤 경우라도 상대를 존경하고 사랑으로 대해야 한다. 주변에는 며느리에게 자기감정에 따라 악담을 퍼붓고 이제 와서 며느리가 왜 부모에게 오기 싫어하는지도 모르는 어른도 있다.

부부간에도 마찬가지로 좋을 때 사랑하는 것이 중요한 것이 아니고 의견이 다르거나 사소한 문제로 감정이 고조되었을 때 사랑하는 것을 잊지 말아야 훌륭한 부부다.

분노를 조절하지 못해 상대방의 가슴에 상처를 남기면 나의 행복에 금이 간다는 것을 명심하고 살아간다면 어떤 경우라도 슬기롭게 극복할 수 있을 것이다.

세상을 살면서 항상 손해만 봐도 괜찮은 상대가 있다. 부부 사이요, 자식 사이다. 그것을 알면서도 우리는 상대에게 끊임없이 무언가를 요구한다. 이제부터라도 상대에게 요구하지 말고 내가 가진 것을 끝없이 내어주어야 한다. 아무리 주어도 아내(또는 남편)에게 준 것은 다시 내 것이 되어 그 자리에 있다. 주고도 다시 내 것이 되는 이치를 안다면 아까울 것도 못 줄 것도 없지 않겠나.

마지막으로 상대방을 나에게 맞추려고 하지 말라. 세상에 나와 다른 것은 많아도 그것이 틀린 것은 아니다. 저녁에 늦게 자고 아침에 일어나지 못하는 사람. 초저녁에 잠이 들어 새벽에 온 동네를 방황하는 사람. 마트에 가면 몇십만 원어치를 쓸어담아 오는 사람. 주머니에 돈이 들어가면 나올 줄 모르는 사람. 취미에 빠지면 식사도 잊어버리는 사람. 사는 방법이 다르기는 해도 틀린 것은 아니니 상대를 바꾸려 속상해하지 말고 내가 맞추어 살거나 내가 바꾸어 사는 것이 편하다는 것을 알면 세상은 더 재미있어질 것이다.

08

함부로 세상을
살지 마라

오늘 지금이 내가 살아가야 할 인생에서 가장 중요한 부분이다. 지금을 잘 살지 못하면 남은 인생은 잘 살지 못할 가능성이 크다.

인생의 이력서에 텅 빈 기간이나 문제의 소지가 있는 부분이 발견된다면 앞으로 나아가는 데 심각한 장애가 될 수 있다. 젊은 시절에 실수로 폭력조직에 몸을 담아 공직에 나아가는 데 문제가 되기도 한다. 대학 시절에 데모에 가담했다가 입건되어 취직이 안되거나, 젊은 시절에 친구에게서 받아 읽은 불온서적이 발각되어 인생을 망친 경우도 있다. 최근에는 철모르는 시절에 저지른 학교폭력에 연루되어 이를 해결하지 못하고 인생의 낭패를 겪는 사람도 있다.

직장생활을 했는데 수십 년 동안 근무한 것 말고는 무엇을 했는지 자신에게 물어야 한다. 나는 무엇을 잘할 수 있는지 설명할 수 있어야 한다. 어떤 부분에 달인인지, 남보다 더 자신 있게 잘할 수 있는 분야가 무엇인지를 말할 수 있어야 한다. 금융회사에 다니면서 축구를 잘할 수 있다면 이 또한 정답은 아니다. 축구는 취미일 수 있지만 이를 직업으로 할 수는 없지 않은가.

모든 이들이 할 수 있는 정도로 달인이라고 할 수는 없다. 그 분야에서는 타의 추종을 불허할 정도가 되어야 한다.

지금 내가 하는 일에 최선을 다하는 것이 달인이 되는 길이고 내가 세상을 살아가는 최소한의 도리다. 그래야 언젠가 나에게 그 열매가 익어 수확으로 돌아올 것이다.

그 일이 무엇인지는 중요하지 않은 세상이다. 직업에 귀천도 없고, 돈이 중요한 부분도 아니다. 긍지를 가지고 지금 하는 일에 매진한다면 그 외 부수적인 결과가 그렇게 중요하지도 않다.

남에게 해를 끼치지 않고 본인이 보람을 느끼면서 몰입할 수 있고 최선을 다할 수 있다면 그것으로 충분하지 않겠나.

무작정 최선을 다하는 것이 좋은 결과를 만들기는 어렵다. 옛날처럼 농경 사회에서는 최선을 다해 열심히 하는 것이 좋은 결과로 나타나는 경우가 많았다. 지금 시대에는 무조건 열심히 해도 결과가 좋지 않을 수 있다. 기초를 튼튼히 하고 전문가에게 배워 큰 노력을 해야 어떤 경지에 도달할 수 있다. 이론을 배우고, 일정한 수준에 도달하면 인턴(실습을 받는 과정)과 레지던트(전문분야를 익히는 과정)를 거쳐 스스로 완성된 성과를 창출할 수 있어야 한다. 이 과정이 독일의 마이스터제도고, 우리나라에도 기능대학이라는 이름으로 도입되었으나 제도적으로 뒷받침되지는 못한 것으로 알고 있다.

어떤 분야에서 기본적인 기초를 수련하고, 스스로 할 수 있는 영역을 구축해 일정한 수준을 넘어서야 달인이 될 수 있다.

내가 가진 자산의 크기에 따라 이모작으로 식당이나 편의점을 시작한다면 물론 잘 될 수도 있지만, 그 확률은 낮을 수밖에 없다. 내 사무실 주위에는 3개월이 멀다 하고 새로운 식당이 창업하고 문을 닫는 일이 반복된다. 새로운 식당이 문을 열면 직원들하고 방문해 식사하고 준비 상황을 점검하는 것이 직업병인지도 모르겠다. 몇 마디 말을 건네 보면 준비된 분인지 3개월짜리인지 알 수가 있다. 근래에 출마의 변을 발표하고 가는 데마다 구설에 오르는 분도 있듯이 서비스업에 종사하는 사람은 사용하는 언어도 정제되어야 한다. 무엇보다 고객이 즐거운 마음을 느낄 수 있는 언어를 사용해야 한다.

고등학생이 자동차를 만들기도 하고, 축구에 관련된 책을 쓰는 경우도 있다. 그러나 그 이면에는 그 분야에 몰입하는 노력을 얼마나 많이 했겠는가? 나이가 젊을수록 성공확률을 높이려면 몰입도를 높이고, 고정관념이나 몸에 밴 나쁜 습관을 없애야 한다. 좋은 스승이나 훌륭한 배움의 장을 만날 수 있는 확률을 높이는 것도 큰 요인이다.

반대로 나이가 들면 아집이 있고, 나쁜 습관이 몸에 배어 있어 좋은 가르침을 받아드리는 데 시간이 더 많이 필요하다. 본인도 모르게 선별적으로 받아들이고, 초심을 잃고 조금만 좋아지면 교만해지기 때문이다.

내가 잘 아는 사람 중에 시골에서 올라와 갖은 고생 끝에 조그만 식당을 차려 크게 성공한 부부가 있다. 처음에는 최선을 다해 손님을 대하고, 갈 때마다 크게 반겼다. 정성을 다해 음식을 제공하고 항상 감사함을 잊지 않아 동네에서는 나름 유명한 식당으로 성장했다. 그런데 지점을 내고, 일이 바빠지고 돈이 쌓이니 교만해지고, 손님 보기를 돈으로 보기 시작했다. 손님에게 불친절해지더니 그 많던 손님들이 썰물처럼 빠져나가고, 급기야는 파리 날리는 한가한 가게로 원위치한 사례를 봤다.

이것도 그 사람의 그릇 크기이니 누구를 탓하겠는가. 초심을 잃지 않고 항상심을 유지한다는 것도 어렵고, 한결같기도 어려운 일이어서 세상은 공평해지는 것이 아닌가 싶다.

인간은 그릇의 크기에 따라 자기 복을 담을 뿐이니 어려움에도 감사할 수 있도록 마음을 갈고 닦아야 한다.

자기의 그릇의 크기에 따라 채워지면 너무 서두르지 말고 옆과 뒤도 돌아보자. 같이 나아갈 수 있도록 그릇을 비워내면서 어려운 분들과 내 주변의 사람들에게 힘도 나누고 보태어 더불어 살아가는 세상을 만들면 어떨까?

세상에서 아무리 내가 잘나도 안 되는 일이 있고, 다소 부족해도 때와 시기를 잘 만나면 스스로 잘 되는 일도 있으니 교만하지 말고 항상 감사한 마음으로 살아가야 할 일이다.

IMF에 무너진 사람도 많고, 코로나19로 넘어진 사람도 있지만, 이 기회를 이용해 크게 성공한 사람도 있을 것이다. '잘하면 내 탓이요, 못하면 조상 탓'이라는 말이 있다. 모든 것이 나의 노력으로 되는 것도 아니고, 모든 것이 나의 부족함도 아닐 것이다. 항상 준비해 기회가 올 때 그 기회를 알고 붙잡을 수 있는 지혜와 혜안이 필요하고, 주위에 항상 감사하는 마음을 갖는 것이 중요하다.

직장에서는 나의 노력이 다소 부족해도 문제가 발생하지 않지만 스스로 무엇인가를 한다면 모든 결과에 대해 내가 책임을 져야 한다. 항상 준비하고 전체적인 흐름을 이해하려는 노력을 게을리 하면 대세에 뒤처진다. 지금까지 쌓아온 탑이 언제라도 한꺼번에 무너져내릴 수 있다는 위기감을 가지고 있어야 한다.

퇴사 후에 내 모습은 그동안 내가 살아온 결과물임을 인식하고 책임감을 느껴야 한다. 중도에 퇴사한 후배가 찾아올 때면, 여러 가지 조언을 하더라도 귀담아듣는 것 같지 않다. 이미 모든 결정을 한 후에 찾아오는 경우가 많다. 남의 이야기를 들을 때는 자기 마음대로 들으면 큰 실수를 할 수 있다. 대표적인 예가 국내 원자력 발전을 한마디로 중단해버린 사건이다. 방향 설정은 맞을지 모르지만, 한쪽 말만 듣고 전문가들과 논의 과정을 생략한 채 비전문적인 결정을 내리는 우를 다시는 범하지 않는 지도자를 만났으면 한다. 이런 사례는 적지 않다. 세계적인 디자인 전문가들이 모인 팀에서 6개월 동안 준비해 품의한 차량 디자인이 중간 결재권자의 잘못된 지시 한마디에 변경되어 전체 프로젝트를 망치는 사례도 있다.

나는 여러 회사의 안전 경영 감사를 다니면서 안전수준이 떨어지고 사망사고가 끊이지 않는 회사의 안전관리 라인(Line)에는 반드시 안전문화를 망치는 한 사람이 자리하고 있다는 사실을 알게 되었다. 원론적으로는 모두 것을 아는 것처럼 행동하면서 마음속에는 20~30년 전의 안전문화가 자리 잡고 있어, 안전은 불필요한 투자라고 생각하고 있는 사람 말이다. 어느 조직이나 이런 사람이 하나씩 있지만, 그의 권한이 크면 클수록 개선은 어렵고 혁신은 불가능해지는데, 그 원인을 파악하지 못하면 아무리 많은 투자를 해도 성과는 개선되지 않는다.

09

꿈을 키우고
있는가?

사람이 살면서 가장 중요한 것은 희망이다. 희망이 없다면 삶이 무슨 의미가 있겠는가?

사람은 육체도 중요하지만, 생각은 더 중요하다. 어떠한 어려움도 생각하기에 따라서는 충분히 견딜 수 있고, 작은 어려움도 생각에 따라서는 넘기 어려운 큰 고비가 될 수도 있다.

인생을 긴 항해라 볼 때 파도가 없는 항해가 무슨 재미가 있을 것인가? 누구에게도 어려운 고개는 있고 지나고 나면 좋은 기회도 몇 번은 있었을 것이다. 이 기회를 내 것으로 만들 수 없었다면 왜일까를 곰곰이 생각해봐야 할 것이다.

기회는 많지 않지만 언제라도 올 수 있으며, 기회를 알아보고 잡을 수 있는 것은 내 몫이 아니겠는가?

아무리 좋은 기회라도 준비가 되어 있지 않다면 와도 알아보지 못하고 흘러갈 뿐이고, 또 내 것으로 만들기는 더 어려울 것이다.

항상 준비하고 어려운 고비를 넘겨봐야 기회를 알아볼 수 있는 혜안이 생기는 법이다.

회사 계장 시절, 나에게는 사장처럼 일하시는 과장이 한 분 계셨다. 회사에 나와 일은 대충하고 회사를 놀이터처럼 다니는 그분에게는 황금 인맥을 자랑하는 명문여대 출신의 부인이 있었다. 어느 날 그 부인이 대학동기 모임에서 들었던 이야기라며 말을 꺼냈다. 동기 남편 중 정부의 주요 부처에 근무하는 분이 좋은 정보이니 특정 주식을 사라고 했다는 것이다. 이 이야기를 모임 참석자 모두가 흘려듣고 지나쳤다. 그런데 그 과장은 다음 날 바로 전세 보증금을 포함한 전 재산은 물론 동원할 수 있는 모든 재원을 그 주식에 투자해 한 달 만에 초대박을 터트렸다고 한다. 젊은 나이에 그 당시에도 비싸기로 유명한 강남 요지에 있는 아파트에 살면서 회사는 취미로 다닌다고 했다.

그 후에도 부인 덕에 회사 사장까지 하고 인생을 즐겼으니 세상은 기회를 잡은 그를 부러워해야 하는지, 장가를 잘 갔다고 해야 하는 건지 모르겠다.

좋은 일이 있으면 나쁜 일이 올 것을 준비하고, 나쁜 것이 오면 좋은 일이 올 것을 대비해야 한다. 인생이 항상 좋은 것만 있거나 항상 나쁜 것만 있는 것은 아니다.

그래서 세상은 재미있는 것이 아닌가. 큰 태풍이 지나가면 잔잔한 바다가 펼쳐지고, 풍어가 있으니 인생사 새옹지마(塞翁之馬)가 아니겠는가?

하고자 하는 자는 할 것이요, 할 수 없다고 생각하면 어떤 것도 할 수 없을 것이다.

내가 경계하는 것은 할 수 없다고 미리 입으로 말하는 사람이다. 그런 사람은 그것을 할 수 없다. 인간의 한계는 정확하게 없지만, 본인이 할 수 없다고 하는 순간 그 경계는 명확해진다.

사람은 잘 설계된 자동장치에 의해 작동한다. 머리가 할 수 없다고 판단하는 것은 몸이 하지 못하도록 작동한다. 이러한 자동장치가 순간적으로 고장 난 상태에서는 최고 신체 능력을 발휘할 수 있을 뿐이다. 화재와 같은 긴박한 패닉(Panic) 상태에서는 판단력과 제어력이 순간적으로 마비되어 신체 능력이 갑자기 향상되는 사례가 있다. 화재가 발생한 경우 어린 아들을 안고 탈출한다고 베개를 안고 나와 불이 꺼진 뒤에야 알게 되고, 무거운 금고를 들고나오는 괴력을 발휘하는 상황이 연출되기도 한다.

할 수 있다고 한다면 못 할 것은 없다. 항상 꿈을 키우고 그것을 달성하려는 노력을 계속한다면 못 할 것이 무엇이으랴. 누구도 처음부터 능력이 있었던 것은 아니다. 자기 능력의 한계를 계속 키워간다면 그 한계는 끝없이 커진다.

나는 못 한다고 하는 사람이 싫다. 현대그룹 창업주 정주영 회장님은 이런 사람에게 "해봤어?"라고 했다.

하려고 하는데 못한다면, 하고 싶은데 할 수 없다면, 하는 방법을 인터넷에서 찾아봐라. 이미 누군가는 필요에 의해 해놓았을지도 모른다. 하고 싶은데 못하면 할 수 있는 사람에게 물어보고 배우면 될 것이다. 할 수 있는 사람이 없다면 그런 사람을 찾아 나서야 할 것이 아닌가? 그리고 하는 방안을 생각해내야 겨울에 보리를 심어서라도 푸른 잔디밭을 만들 수 있지 않겠는가? 정 회장님이 동전에 그려진 거북선을 들고 가서 선박 수주를 따냈다는 일화는 이제 모르는 사람이 없다,

자기 능력을 제한하지 말고 항상 꿈을 키워야 한다. 그리고 그 목표를 달성하는 방안을 찾아 작은 목표부터 하나씩 이루어간다면 언젠가 큰 목표는 달성될 것이고, 그 목표를 향해 오늘을 열심히 사는 것은 재미있는 인생을 사는 방법 중 하나가 될 것이다.

꿈은 원대할수록 좋다. 며칠 만에 이룰 수 있는 꿈은 이루기는 쉬울 수 있지만 모든 사람이 다 경험한 것이라 새로울 것도 가치도 빈약할 수밖에 없다. 긴 인생을 살아가면서 이루기 어려운 목표 하나쯤 두고 긴 시간 동안 매진하는 것도 멋진 일이 아니겠는가?

지나고 나니 3개월 고생해 이루는 목표는 달성하기는 쉽지만 큰 의미가 없고, 3년쯤 죽을힘을 다해야 이루어지는 목표는 되어야 도전할 가치가 있다. 시험도 몇 번은 떨어져 봐야 진정한 의미를 이해할 수 있고, 합격의 기쁨도 그만큼 크다.

어떤 일을 하더라도 일 년 만에 성공하는 일은 누구나 할 수 있는 일이 되겠지만 5년은 해야 조금 알 만한 일은 나만이 할 수 있는 일이 될 것이고, 이런 공든 탑은 무너지지도 않을 것이다.

너무 조급해하거나 서두르지 말고 나만의 목표를 가지고 키워가는 노력을 한다면, 아니 즐긴다면 안 될 것이 무엇이며 못 이룰 것이 무엇이겠는가?

문제는 아무런 생각 없이 하루하루를 버티는 직장생활이 20년이요, 30년인데 갑자기 퇴직 명령이 나고 이모작을 시작해야 하는 안타까운 현실을 만들지 말라는 것이다.

퇴직하면 그동안 거래해왔던 은행에서도 실업자 대우를 한다. 실제로 할 수 있는 경험도 실력도 없다면 대학 졸업 후 취업하려

다니던 그때의 막막함이 아니겠는가.

이제 와서 영원히 직장생활로 인생을 끝내는 것으로 아무 생각 없이 살아왔다는 후회는 아무 의미가 없다.

이제라도 30년을 살아내야 할 인생을 위한 목표를 정하고 준비를 하면 된다. 오늘이 내 인생에서 가장 중요한 날이고, 가장 젊은 날이 아닌가.

내 주변에는 한옥 짓는 목수학교를 나와 한옥 짓는 일에 뛰어든 친구도 있고, 이것저것 해보다가 텃밭에 눌러앉은 자연인도 있다. 교회에 매진하는 친구도 있고 퇴직 후 세계 80개국을 여행하는 친구도 있고, 캠핑카를 타고 세계를 다니다가 코로나19에 어쩔 수 없이 귀국한 사람도 있다. 어떤 이는 제주도 한 달 살기 하려고 갔다가 3년째 눌러앉아 있는 친구도 있다.

퇴사 후에 무엇을 하든 세월을 낭비하지 말고 내 인생의 목표를 달성해가는 과정이 아름답도록 살아야 한다. 욕심을 버리면 아름다운 인정이 보이고 사람의 온기가 느껴진다. 욕심이 이런 것들을 보는 눈을 마비시키고, 여유를 빼앗아간다. 저승에서 두 재벌이 만나 적은 돈을 빌려달라고 했는데, 100원도 없다고 했다는 이야기가 생각난다.

10

결정은
차분하게 하라

　세상을 살면서 어려운 고비와 즐거운 순간 중에 하루에도 몇 번씩 무언가를 결정하면서 살아간다. 자녀 교육을 할 때도 모든 일을 부모가 대신 결정해주는 것은 바람직하지 않다. 아주 어린 경우라도 스스로 무엇인가를 판단하고 그 결과를 받아들이는 경험을 통해 커야 한다고 생각한다. 돈이 필요할 때마다 돈을 주는 것이 아니라 한 달 단위로 용돈을 주어 본인의 결정에 따라 경제계획을 세우게 한다. 순간순간 결정을 하는 연습을 하면서 인생을 살아가는 방법을 터득하는 것이 필요하다. 월초에 용돈을 받아 다 쓰고 한 달을 버티는 아이도 있고, 계획을 세워 한 달을 잘 사는 아이도 있을 것이다. 또 용돈의 일부는 저축하고 아끼면서 한 달을 살아내는 아이도 있다. 어느 방법이 옳은지는 그 결과를 책임지는 본인이 판단하면 된다. 틀리거나 맞는 방법이 있는 것도 아니다. 어떤 결정을 해도 본인이 하고 그 결과를 인정하고 책임진다면 큰 문제는 없다.
　이렇게 자란 아이들이 나름대로 경제활동을 하면서 잘 살아가고 있다. 누구에게도 아쉬운 소리를 하지 않고 나름대로 한 가정을 꾸미며 계획대로 관리하면서 잘 살아간다.

멕시코 호텔 화재 현장에서 탈출을 시도한 투숙객들이 로비에 있는 회전문 옆에 있는 출입문 상부의 잠금장치를 풀지 못한다고 생각하고 그 앞에서 150여 명이 질식한 사고가 발생했다. 화재 발생 시 불을 보면 대부분 사람은 공황상태에 직면하게 되어 판단력을 상실한다. 이러한 현상을 예방하기 위해서는 사전에 많은 훈련을 하거나 대처 방법을 상상 속에서 행하는 이미지 트레이닝(Image Training, Simulation)만으로도 큰 효과를 볼 수가 있다.

얼마 전 울산의 주상복합 건물에 큰 화재가 발생해 전국 신문 지상에 보도된 사례가 있다. 후일담이지만 화재가 나기 얼마 전에 전 주민이 참여하는 소방 훈련을 실시해 실제 상황에서 사상자가 한 명도 발생하지 않았다고 한다,

나는 안전을 담당하면서 현장에 있는 소화기의 법정 수명이 다하면 소화기를 재충진하기 전에 전 직원들이 참가하는 실제 화재 진압 소방 훈련을 할 기회를 부여했다.

소화기의 불량률도 파악하고 화재 대처 능력도 키우도록 모든 직원에게 기회를 부여했다.

어느 날 사택에 촛불을 켜놓고 잠깐 마트에 간 사이에 불이 났고 "불이야" 하고 외치는 어린이들의 소리를 들은 사내 커플이자 안전교육을 받은 전(前) 직원이었던 아랫집 엄마가 뛰어 올라가 당황하지 않고 능숙한 솜씨로 화재를 진압했다.

그러나 그 상황에서 얼마나 놀랐는지 사흘을 앓아누웠다고 하니 불이 얼마나 사람을 공포스럽게 하는지 짐작이 된다. 나는 많은 훈련을 지휘하고 실제로 화재를 진압하다 보니 불을 보고도 평상심을 유지하는 놀라운 능력(?)이 생겼다. 그만큼 시뮬레이션, 반복 훈련과 경험이 중요하다는 생각을 한다.

과거에는 어린이들이 어린 나이에 안전과 관련된 여러 가지 경험을 할 기회가 많지 않아 안타까움이 있었다. 세상이 무섭기도 하지만 나는 시내버스를 타고 가야 하는 친척 집에 초등생 자매를 심부름 보낸 적이 있었다. 그때는 많이 무섭고 두려웠다고 하나 그 경험만으로도 세상을 살아가는 데 많은 도움이 되었을 것이다. 물론 가는 방법이나 어려움에 대처하는 방법은 정확하게 알려줘야 한다. 필요하다면 도움을 받을 방법까지도 충분히 교육해야 할 것이다. 나이에 맞게 스스로 세상을 살아가는 방법을 터득하는 과정은 힘이 들겠지만, 반드시 거쳐야 한다. 그 시기를 놓치면 배우는 것이 어렵고 배운다고 해도 많은 어려움이 따른다.

나이가 많이 든 자녀가 아직도 간단한 문제를 해결하지 못하고 하루에도 몇 번씩 부모에게 전화하거나 도움을 요청하는 경우를 주위에서 많이 본다. 어떤 경우는 취직을 못 하고 사업을 한다고 부모에게 손을 벌려 밑 빠진 독이 되는 경우도 있어 부모의 노후를 엉망으로 만들기도 한다. 이런 경우 대부분은 자녀의 문제가 아닌 부모 한쪽의 문제일 가능성이 크다. 〈세상에 나쁜 개는 없다〉에서도 개가 가지고 있는 문제 대부분은 그 보호자의 문제인 경우가 많다. 이와 마찬가지로 교육 기회를 놓치거나 교육 방법을 몰라서 또는 무한 사랑으로 하면 안 되는 것과 반드시 해야 하는 것을 구분할 수 없게 한 보호자의 무지가 원인이다. 세상을 살아가는 방법을 가능하면 나이에 맞도록 필요한 것들을 하나씩 가르치는 것이 사랑인데 중학생이 될 때까지 라면도 못 끓이는 세상에서 가장 안전한(?) 아이로 키운다면 부모로서 자격이 부족한 것이 아닐까.

매 순간 결정을 하면서 살아가야 하는 인생길에서 항상 좋은 판단을 하는 훈련을 받을 수 있는 가정이 좋은 가정이다. 가능하면 모두에게 좋은 판단이 될 수 있도록 결정하는 훈련은 이 세상을 살아가면서 가장 중요한 덕목 중의 하나가 아닐까? 때로는 잘못된 판단을 했다 하더라도 반면교사로 삼아 다음에는 잘하면 되는 것이다. 하루에도 수십 번씩 판단해야 하는데 매번 좋은 판단만 할 수는 없다 하더라도 많은 훈련과 교육을 통해 어떤 판단이 좋은 것인지를 나이대별로 훈련하는 것은 대단히 중요하다.

이것은 인생에서 좋은 스펙을 쌓는 것보다 훨씬 더 중요한 것일 수 있다. 인생 전반에 이런 훈련이 부족해 많은 고민의 날들을 보냈다면 지금 이 순간부터라도 내 인생을 어떻게 설계하고, 구축할 것인지 차분하게 생각해보고 그 그림을 그려서 차분하게 완성하는 노력을 해야 한다.

그래야 어느 순간 갑자기 찾아올 기회도, 앞으로 살아내야 할 인생 이모작도 순조롭게 살아낼 수 있을 것이다.

나는 안전에 대해 대학을 졸업할 때까지, 아니 안전과장이라는 보직을 받을 때까지는 체계적으로 안전에 대해 배우지 못했다. 아이들에게 안전을 제대로 알려주어야 한다고 생각해서 창립한 안전교육 기관이 울산 안전생활실천시민연합이다.

1994년 10월 21일 성동구 성수동과 강남구 압구정동을 연결하는 성수대교의 상부 트러스 48m가 아침 7시 등교, 출근길에 무너져 내려 32명이 사망하고, 49명이 부상을 당했다. 다음 해인 1995년 6월 29일 저녁 국내에서 가장 많은 매출을 자랑하던 서초구 삼풍백화점이 영업 중에 무너져 사망 502명, 부상 937명, 실종 6명이라는 재앙을 일으켰다. 설계, 시공, 무리한 증축과 확장 등 유지 보수 모두 부실한 상황의 결과였다.

이에 고 송자 전 연세대 총장과 서울시장과 당 대표를 역임한 최병렬 님이 개인재산을 털어 창립해 지금까지 세상 밖으로 처음 나오는 어린이집·유치원·초등학교 저학년 어린이들에게 안전한 생활 방법과 행동에 대해 가르치는 활동을 꾸준하게 해온 단체다.

이 과정에서 어린이들이 어떻게 행동하고 판단해 건널목을 건너고 보행할 것인가를 실제 보행로 모델을 설치하고 훈련하는 프로그램을 운용했다. 덕분에 도로에서 일어나는 어린이 교통사고는 많이 감소했다. 안전을 공부할 기회를 부여한다는 것이 우리 어른들이 해야 하는 책무인데도 아직도 어른들의 부주의로 어린이 사망사고가 발생하고 있다.

나는 안전교육 시간에 수강자들에게 "길가에서 어린이가 공을 가지고 놀다 공이 서 있는 차량 밑으로 들어가면 어떻게 하라고 가르쳐야 할까?" 하고 묻고는 한다. 정확하게 답하는 사람이 별로 없다. 우리는 이런 교육을 받아본 적이 없고 실제로 알지도 못하니까. 긴 장대를 이용하라는 사람도 있고 운전석을 확인하고 꺼내라는 사람도 있지만, 정답은 주변의 어른 도움을 받으라는 것이 정답이다. 이 경우 어린이는 정확한 판단을 할 수 있는 능력이 부족하다. 하나만 가르쳐주면 그것만 해 오히려 사고요인이 될 수도 있다. 어른은 모든 상황을 종합해 판단할 수 능력을 갖추고 있으니 가장 안전한 방법이 된다.

11

돈을 버는 것만이
능사는 아니다

　돈이란 없으면 불편하지만, 많이 있다고 해서 행복한 것도 아니다. 직장생활을 하면서 아무리 많은 돈을 벌어도 언제라도 쓸 수 있도록 통장에 모이지 않고 항상 한 달에 필요한 만큼만 쓸 수 있도록 남아 있다. 물론 직장인이 희망하는 금액만큼 벌지 못하고, 벌어본 적이 없어 잘 모르겠지만, 직장인들이 원하는 금액이 내가 직장생활을 할 때는 월 1,500만 원(1.8억 원/년)이었다는데 지금은 그 정도를 받는 직장인도 꽤 있으니 이를 상향 조정해야 할 듯하다. 그리고 최근에는 세금도 너무 많이 올라 급여가 많다고 많이 받는 것도 아닌 듯하다. 나만 느끼나 했지만, 신문 보도 내용을 보니 실제 물가상승률보다 급여가 조금 더 올랐는데, 세금은 임금 인상률보다 몇 배는 더 올랐다고 하니 좋은 일인지 모르겠다.

　내가 직장에 다닐 때는 모친을 모시고 3명의 자녀가 있다보니, 매달 아내에게 용돈을 받아 사용했다. 용돈이 빠듯해 애들 용돈을 주어본 적도 없고 애들과 외식을 해본 적도 없다.

　그래도 매일 온 식구가 한자리에 모여 식사하고 얼굴 맞대고 대화를 나누는 시간을 보냈다. 지금 생각해보면 그때가 행복했던 것 같다.

돈은 쓸 만큼만 있으면 충분하다고 모두가 생각하지만 실제로는 욕심을 채우려고 하니 항상 부족한 것이 아닐까.

퇴직 후 열심히 살았지만, 돈을 악착같이 모으려 하지는 않았던 것 같다. 주어진 환경에 감사하고, 열심히 살아왔다. 일이 있음에 감사했는데, 사업이 항상 정 방향으로 가고 있는지는 거의 매일 수시로 확인했다. 미래를 향한 사회적인 변화와 사업과의 관계, 변화의 방향과 사업과의 연관성, 같은 업계에 있는 사람들과 교류하면서 법적인 개정 방향 등을 계속 주시하고 활용하려고 노력했다.

다행히도 사업이 크게 번창하지는 못했지만, 직원들과 같이 지금까지 아무 탈 없이 유지하는 데는 문제가 없다.

돈은 버는 것도 중요하지만 쓰는 것은 더 중요하다고 생각해서 크게는 아니지만 나름대로 기회가 되면 쓰는 데도 인색하지는 않았다. 그렇다고 낭비는 습관적으로 불가능한 세대이기는 하다.

사업하는 사람이 돈을 벌지 못하는 것은 죄악이다. 사업이 망하면 우선은 내 가족을 해치고, 나와 같이 일하는 사람을 해치고, 나와 우호적인 거래를 하는 사람을 해칠 수 있기 때문이다.

반대로 사업이 번창해 돈을 벌면 나에게만 득이 되는 것이 아니고, 나와 같이 일을 하는 사람들에게 도움이 되고 나와 거래하는 모든 사람에게 더불어 살아갈 힘이 된다.

울산에서 현대조선소가 한창 번창하던 때 동구 지역에 거주하는 상인들과 거리는 물론이고, 울산 시내도 활기가 넘쳐났다.

최근에는 동구 지역 건물 소유주 부도로 경매 물건이 넘쳐나고, 가격이 크게 하락해도 살 사람이 없다.

최근에 다시 조선업 경기가 살아나고, 우리나라 특수선 수주량이 많이 늘어나고 있다는 반가운 소식이 들려온다. 조선업이 살아나 내년에는 5,000여 명의 근로자가 추가로 필요하다니 이 지역을 떠났던 사람들이 다시 돌아오고 이 지역 상권이 살아나기를 기대해본다.

나만을 위해 무엇인가를 한다는 생각보다는 이제 내가 어떤 일을 할 것인가를 고민해야 한다.

건강이 허락하고 무엇인가 할 능력이 있다면 돈보다 더 가치 있는 일들은 얼마든지 있다. 퇴직하고 연금과 생활자금이 부족하지 않은 주변의 몇몇 사람이 매일 운동하고, 술이나 마시면서 얼마 남지 않은 인생을 허비하거나 사회적으로 지탄받을 짓을 하고 다니면서 그것을 자랑 삼아 이야기하니 한두 번도 아니고 이제는 들어줄 사람도 없고 원로 대우를 받기도 힘들다.

지금이 가장 젊은 날이라면 이제라도 주변을 돌아보고 내가 할 수 있는 어떤 것이라도 찾아 나서길 권장한다. 그것이 어떤 일이라도 좋다.

내가 잘 알지는 못해도 하루에 몇 번씩 만나는 한 아주머니(?)는 조그만 시장가는 손수레를 끌고 다니면서 시내 곳곳에서 병을 줍는다. 내가 사는 아파트 주변에서 아침에 보이더니 오전에는 사무실 앞에서 만나고, 오후에는 구청 근방에서 또 만난다. 매일 병 수레를 끌고 이 골목 저 골목 족히 20~30km는 매일 걷고 있는 듯하다. 항상 그 수레에는 적당량의 빈 병이 실려 있으니 그 무게가 가볍지는 않을 것이다. 폐지보다는 가볍겠지만 그 걷는 거리가 상상을 초월한다. 나이가 적지도 않은데 하루도 빼먹지 않고 걷는 그분이 존경스러워 빈 병이 눈에 띄면 모아놓았다가 드리기도 한다. 자주 보이면서도 기다리면 또 만나기가 쉽지도 않다.

왜 그토록 매일 그 많은 거리를 돌아다니는지 알지는 못하지만, 다음에 만나면 따뜻한 식사라도 한 끼 대접하고 응원하고 싶다.

독일은 이런 사람을 위해 빈 병을 집 밖에 모아서 내놓는다는데 우리는 이 정도의 마음의 여유도 없는 것 같다. 오히려 아파트 재활용장에 모이는 빈 병을 새벽 2~3시경에 차량과 수레를 이용해 가져간다니 인심 한번 고약하다.

내가 가장 납득이 안 되는 직업 중 하나는 젊은이가 오토바이를 타고 다니면서 광고용 카드를 마구 날리는 것이다. 물론 그중에 1~2% 정도는 광고 효과가 있을지 모르겠다. 효과가 있다고 생각해서 그 일을 부탁하는 사람도 있겠지만, 온 사방으로 흩어지는 나머지 99% 선전·광고용 카드가 청소하시는 분을 얼마나 수고롭게 하는지 항상 미안한 생각이 든다.

아무리 찾아봐도 할 일이 없다는 사람이 있으면 자신에게 물어야 한다. 체면과 과거의 나를 부둥켜안고 찾아 나서지는 않았는지? 지금의 나는 천사 무료급식소 앞에 줄을 서서 남의 음식을 탐하면서 나를 위로하지는 않는지?

가진 것을 내려놓아야 비로소 보이는 것들이 많아진다. 나는 잘할 수 있는데, 조금만 노력하면 할 수 있는 데, 누군가는 그 간단한 그 일을 못 해 전전긍긍하고 있다는 사실을 안다면 도와주어야 하지 않겠는가?

예를 들어 근래에는 일인 가구가 늘어나 혼자 사는 사람들이 많고, 일찍 독립하거나 가정에서 배울 기회를 놓쳐 가정을 관리하는 간단한 기술을 배울 기회를 잃어버린 젊은이들이 많다. 이런 사람들이 필요한 것은 고급 기술도 아니다. 전등을 교체하거나, 간단히 수전을 교체하고, 콘센트가 문제를 일으키는 사소한 문제도 해결하는 데 큰 어려움을 겪는다. 이런 사람들을 간단히 도우면서 최소한의 비용을 받는 그러나 일에 보람을 느끼는 사업도 서울에는 있다. 지방에도 일부 전문가들이 이런 일을 하기는 하지만 상당한 비용을 요구하기도 한다. 아예 돈이 되지 않는다는 이유로 수리도 어려울 뿐만 아니라, 미리 고지된 공지 가격표도 없어 상당히 부담스러워한다.

내가 하고자 하는 작업의 품질과 비용을 예상할 수 있고, 한 곳에서 내가 원하는 모든 일을 처리할 수 있다면 심적으로 어려운 사람도 돕고 사람들의 일자리도 마련할 수 있지 않을까 생각한다. 내가 직접 할 수는 없고 누군가 하겠다면 도움은 주고 싶다.

이 일이 큰 돈벌이는 안 되겠지만 기획을 잘하면 충분히 몇 사람의 일자리는 만들 수 있고, 혼자 사는 사람이나 바쁜 현대인들에게 큰 도움이 될 것이라 믿는다.

제2장

퇴사자가 가는 길

사장이 될까?
월급쟁이를 계속할까?

직장인은 퇴직하기 전이나 퇴직 후 어떻게 할까 고민을 많이 한다. 직장인 대부분이 퇴직하면 그동안 쌓아온 인맥을 통해 취업 제안이 들어온다.

내가 만난 많은 사람은 이 과정에서 퇴직 후 다시 월급쟁이가 되는 길을 택하고는 한다.

얼마 전 퇴직한 후배도 이런 고민을 하다가 부사장이라는 직책으로 취직을 하더니 전 직장에서 가진 모든 인간관계를 한꺼번에 넘겨주고 2년도 되기 전에 다시 퇴직자가 되어 실업급여를 받고 있다고 찾아왔다. 그러고는 2년 전에 하던 고민을 다시 시작하고 있다.

나도 이런 고민을 했던 적이 있었다. 그 기간이 길지는 않았지만 나름대로 심각하고 고통스러웠다. 지나고 보면 좋은 추억이지만 아이는 아직 학교에 다니고, 결혼을 하지 않은 아이도 있는데…. 다행히 일이 잘 풀려 현재는 행복한 추억이 되었다. 이제는 많은 분께 도움을 주려고 글을 쓰고 있다.

로버트 기요사키(Robert Toru Kiyosaki)라는 작가가 두 아버지를 통해 가난한 사람과 부자의 사고방식을 비교해 쓴《부자 아빠 가난한 아빠》를 열심히 읽었던 때이기도 하다. 물론 나름대로 많은 준비를 하고 있었다고는 하지만 평생(사실은 반평생 동안)을 월급쟁이로 살아오면서 어쩌면 가장 편안했던 삶에서 갑자기 부자 아빠가 되려는 길이 그동안 모은 돈도 잃고 가난한 아빠가 되는 길은 아닌지 두려움이 없었던 것은 아니다.

나는 최소한의 삶을 영위할 수 있는 버팀목을 마련하는 길과 내가 하고 싶은 사업 두 길을 동시에 준비했다. 퇴직금과 융자를 안고 건물을 하나 사서 임대업을 하는 길과 내가 그동안 준비하고 열심히 해왔던 안전·환경 컨설팅 사업을 함께 준비했다. 우선 먼저 시작한 선배 중에 이 분야에서 나름대로 성공했다고 알려진 분들을 알아보고 선택해, 한 분씩 차례대로 만나고 자문을 받으면서 열심히 정리했다. 내가 몸담은 지역에 국한하지 않고 조그만 여행 가방을 메고 먼 길도 마다하지 않고 길을 나서 나름대로 여행도 하고, 그동안 만나지 못한 친구들도 만나고 즐기기도 했다. 한마디, 한마디를 귀담아듣고, 기록하고 정리해 내 것으로 만들려고 노력했다. 책방에 들려 1인 기업에 관한 모든 책을 독파하기도 하면서 나름대로는 퇴직 후 처음으로 느껴보는 자유를 만끽하고, 힐링 여행을 즐겼다.

언제 이런 자유를 만끽할 수 있을까 싶을 정도로 즐거운 여행이기도 했다. 그동안 만나지 못한 존경하는 분들을 만나서 인생담을 듣기도 하면서 준비했다.

어느 정도 준비가 되어 방향을 설정하고 구매할 건물을 찾으려 한 달 정도 하루도 빠지지 않고 아내와 같이 다녔다. 매일 부동산

중개사무소의 연락을 받고 방문해서 설명을 듣고 건물에 대해 공부도 했다. 건물의 구조와 장단점, 구조별 건축비 등 가치를 이해하는 기간이기도 했다.

직장생활에서 익혔던 타당성 검토(Feasibility Study) 기법을 동원해 투자와 수익성도 따져보고 나름대로 열심히 찾았다. 회사생활에서 받았던 월급 정도는 충분히 수익이 나오는 건물 하나를 선택해 매입했다. 그 건물 아래에 있는 조그만 사무실에 컨설팅 사무실을 열어 나름대로 사업을 시작했다.

퇴직이 확정된 후 3개월 만이었다. 사업을 벌인다고 바로 일거리가 생기는 것도 아니어서 그동안 해오던 학교 강의와 관련 기관의 강의를 주로 했다. 다른 업체가 딴 일을 하청받아 여직원 월급을 줄 수 있을 정도로 만족하고 최선을 다해 봉사한다는 마음가짐으로 그저 열심히 했다. 조금씩 일거리가 늘어나고 시대적인 운도 따라 사업을 한 지도 벌써 20년이 되어간다.

자신의 능력과 좋아하는 방향이 다를 수도 있겠지만 직장생활이 끝나고 인생 이모작을 시작해야 한다면 남은 평생 할 수 있는 일을 찾아 착실히 준비하고 실행할 것을 권한다.

다행히 모든 것이 순조롭게 진행되어 돈 걱정 없이 일할 수 있었고, 즐기는 삶을 살 수 있었다. 지금은 자식들 모두가 장성해 나름대로 직장을 갖고 아빠를 보고 배웠는지 나름대로 투자도 하면서 또래들보다는 더 빨리 경제적인 자립의 길을 향해 가는 것 같아 홀가분하다.

어떤 분야를 좋아하지만, 최고 경지에 오르지 못했다고 판단하면 지금부터라도 이론부터 공부도 하고, 학원도 다니자. 단계별로 착실히 익히고 비즈니스 과정도 마스터해 프로의 경지에 이른 다음에 사업을 시작하면 된다. 조급해 하거나 서두르면 큰 손실이 따른다는 것을 알아야 한다. 주변에는 평생 그 일을 하는 경쟁자들이 많이 있다는 것을 명심하고 겸손해야 한다.

몇십 년 전에 내가 회사 일로 독일에 갔을 때 친구 여동생이 사는 동네 주위를 지나치게 되어 전화 연락을 했더니 차를 가지고 마중을 나와 그 집을 방문하게 되었다.

남편이 타일업을 한다고 들어서 막연히 한국의 타일 가게나 타일공 정도로 이해하고 있었는데, 가서 보니 타일 마이스터였다. 한 동네에서 타일에 관한 설계·시공·A/S까지 모두를 진행하고 가게가 아닌 전시장과 작업장을 갖추고 있었는데, 아들이 장성해도 자격이 없어 대물림이 어렵다고 했다. 집은 지하 1층 지상 3층 구조로 되어 있었는데, 지하층에는 와인을 포함한 창고가 있고, 1층은 거실 겸 식당으로, 2층은 숙소로, 3층은 사무실로 사용한다고 했다.

마이스터는 우리나라의 기능장급인데, 시험에 합격하면 부여되는 자격이라기보다는 우리나라 의사 제도와 같이 훈련을 받고 자격을 취득하면 선배 마이스터 밑에서 일정 기간 여러 가지 연수를 받아 정식 자격이 부여된다고 한다. 우리나라에도 도입한다고 기능대학을 설립했는데 아직 그 효과는 알 수 없다.

지금까지 좋아하지도 가까이해본 적도 없는 분야는 아무리 노력해도 전문가가 되기 어렵다. 음치, 박치가 학원에 다니고 좋은 선생님을 만나 열심히 노력한다고 가수가 될 수 없듯이.

내가 가지고 있는 자금(현금) 여력에 따라 모르는 분야의 사업을 벌이는 것은 경계해야 한다. 내가 전문가가 되어야 성공 가능성이 있다. 음식 맛이 좋다는 의례적인 인사 몇 마디에 자신의 요리 실력이 좋은 것으로 착각하고, 밥도 제대로 못 하면서 식당을 열면 안 된다. 7급 바둑을 두면서 좋아한다고 기원을 차리는 우를 범하지 않기를 바란다. 그러면 돈도 날리고 사업도 재미가 없을 것이다.

라면도 끓이는 사람에 따라 맛이 달라지고, 물의 양과 끓이는 시간, 끓이는 용기의 재질, 수프의 양에 따라서도 맛이 큰 차이를 보인다. 라면을 먹어보고 이 차이를 구별해낼 수 있는 정도는 되어야 맛을 개선하거나 유지하거나 할 것이 아닌가.

밥도 먹어보고 쌀의 산지와 밥을 한 용기의 재질, 가열시간까지 구분할 수 있어야 밥을 한다고 할 수 있다. 나는 고등학교 입학 후 타지에서 자취생활을 시작하면서 처음 밥을 하게 되었다. 어린 시절에 호기심이 많아 부엌에서 형수를 틈틈이 도와주면서 들은 노하우와 경험으로 지금도 고소하고 적당한 찰기가 있는 밥을 지을 수 있다. 그렇다고 식당을 열 수는 없지 않은가.

잘한다고 소문난 식당에 가보면 어떤 하나의 음식에만 정성이 들어간 것이 아니다. 상에 올라오는 모든 음식이 재료부터 구입한 지역까지 이야깃거리가 아닌 것이 없을 정도로 정성이 가득 들어가 있는 것을 알 수 있고, 들을 수 있다. 달인들이라고 나오는 분들의 음식을 만나보면 가정집에서 만드는 방법으로 손님을 모을 수 없다는 것도 금방 알 수 있다. 몇십 년의 내공이 쌓이고 녹아들어 조그만 식당이 운영된다는 것을 알 수 있다. 직장을 퇴사하고 뭔가를 준비하는 것은 조급해 한다고 될 일이 아니다.

　지금까지 쌓은 그 내공을 아무리 빨리 배워도 몇 년은 족히 걸릴 일이다. 달인들이 내공을 쉽게 전수해주지 않는 이유도 본인이 고생한 기술을 전수해줘도 너무 힘이 들어서 계속 이어가지 못한다고 한다. 이름이나 자격증만으로 되는 것이 아니다. ISO에서 초기에 '자격'으로 번역했던 'Competence'는 근래에는 역량/업무 적격성으로 번역하고 있다. 하지만 이것도 가장 적합한 단어는 아닌 것 같다. 몇 년이 지난 후 다시 같은 고민에 빠지지 말고 이번 기회에 'Competence'가 확보될 때까지 계획을 세워 단계적으로 준비해 시작해도 늦지 않으니 욕심을 버리고 서둘지 말고 나아가라고 이야기해주고 싶다.

내가 할까?
지점이 될까?

　모든 직장인의 로망은 스트레스받는 직장을 때려치우고 내 사업을 하는 것이다. 어차피 직장인이 회사를 그만두었다면 그 로망을 실천하는 시작점에 있는 것이 아닐까? 뭔가는 해야 하는데, 하고 싶은데, 아는 것은 없고 어디서부터 시작해야 할지 모르겠다.

　드라마 〈미생〉에서 '회사가 전쟁터라면 회사 밖은 지옥이다'라는 말이 나온다. 자영업자 3년 이내 폐업률을 보면 그게 틀린 말은 아니다. 52%가 매출 부진, 수익률 저하, 돈이 안 되어서 폐업한다는 이야기다. 그 이유가 무엇인지도 모른 채 문을 닫는다.
　수많은 창업자가 특히 회사를 그만둔 직장인 창업자들은 준비 없이 있는 돈으로 달려들기 때문이다. 경험과 실력도 없으면서 무작정 부딪혀서 배우면 될 것이라는 도전 의식만 가지고 시작해 시행착오를 겪게 된다. 이에 들어가는 모든 비용이 그동안 힘들어 벌어 모은 돈이다. 고생은 고생대로 하고 돈은 돈대로 까먹는 악순환이 계속된다. 경험이 쌓이고 실력이 늘어나면 이제 돈이 없어 아무것도 할 수 없는 상황이 된다. 이러한 리스크(Risk)를 줄이는 방법으로 프랜차이즈 가맹이 있다. 이 또한 장단점이 명확해 충분히 비교하고 준비해야 한다.

이와 관련된 책만도 수십 권이고 인터넷에 다양한 이야기들이 도배되어 있다. 돈을 까먹지 않으려면 준비하는 데에 더 많은 돈을 써야 한다. 내 실력이 기존의 사업자들과 견주어 충분하다면 모르겠지만 그렇지 않다면 철저히 더 많은 준비를 해야 한다.

고깃집, 커피/제과, 피자, 돈가스, 닭, 피시방, 만화, 막국수, 갈비, 족발, 곱창, 먹거리 배달, 김밥, 한의사 등 프랜차이즈 지점과 관련된 종류도 차고 넘친다.

프랜차이즈 창업 성공하는 3가지 방법은 다음과 같다.

1. 교육을 잘 듣고 자료를 꾸준히 숙지하기
2. 상권을 잘 찾기
3. 초심을 잃지 않기

최근 TV에서 한때는 세계적인 선수였던 박찬호와 이영표가 60대 여자 동호인 배드민턴 선수와 복식 경기를 펼치는 화면이 방영된 적이 있다. 두 선수는 한 분야에서 크게 성공한 우리나라 대표 선수이기도 하지만 동호인 배드민턴 부분에서는 나이 든 여자 동호인을 넘어설 수 없었다. 전혀 게임이 되지를 않았다. 동호인 중 한 분은 과거 국가대표 경력을 가지고 있었다고는 하지만.

내가 하고자 하는 분야에 이러한 숨은 고수들은 얼마든지 있을 수 있고 이분들과 경쟁해야 한다는 마음가짐으로 준비하고 훈련을 거치고 배워야 실패를 줄일 수 있다. 이 과정을 마쳤다 하더라도 그 내공을 어찌 감당할 것인가. 항상 배우는 자세로 최소한 3년은 갈고 닦을 준비를 해야 한다. 문제는 3년이 되기 전에 창업자의 반이 중도 포기한다니 성공할 가능성마저 포기하는 꼴이 아닌가.

사업을 시작하면 바로 흑자를 낸다고 생각하기 쉽지만, 최소한 3년 이내에 현상 유지만 해도 성공이라는 마음으로 창업을 준비해야 한다.

경험이 부족하고 자신이 없다면 프랜차이즈를 검토하는 것도 하나의 방법일 수는 있다. 초기 시행착오를 줄일 수 있지만, 리스크를 완전히 배제하기는 어렵다. 주위에서 프랜차이즈 지점을 내어 성공한 경우도 있지만 실패한 경우도 많다는 사실이 이를 증명한다.

가장 큰 단점은 내 사업이지만 자유가 없다는 부분이다. 휴무나 영업시간, 가격, 메뉴 등에서 철저하게 통제를 받아야 하고 점포 관리나 리모델링(Remodeling) 같은 부분도 통제가 심하다.

유명한 브랜드일 경우 초기 투자비가 너무 많다는 부분도 조심스럽다. 잘되면 부담이 없겠지만 직장인이 평생 모은 돈 대부분을 투자해야 한다면 망설여지는 부분이다.

백종원의 〈골목식당〉을 보면 천 개의 가게에 천 개의 상황이 있고 그 가게가 잘되지 않는 이유는 수천 가지가 된다. 잘되는 가게는 이유가 단순하지만, 안 되는 가게에는 그 이유도 다양하다.

나는 옛날 TV에 방영되었던 착한 가게를 자주 찾는 편이다. 계속 다니던 남해의 어떤 착한 가게는 방영 후 종업원을 들이고 번창했다. 근래에 찾았더니 초기와 같이 혼자서 운영하는 데 부담이 되었는지 착한 가게라는 명패를 한쪽에 숨겨두고 장사를 하고 있었다.

모든 일에는 인과응보가 있고 장단점이 있으니 내가 창업을 하든 프랜차이즈로 하든 이론과 실무 그리고 경영 측면에서 충분히 검토해야 한다. 기존 전문가 또는 성공한 여러분들의 노하우를 습득한 후에 내 실력이 어느 경지에 도달되었다고 판단될 때 그에 맞는 자본으로 도전해야 리스크를 최소화할 수 있을 것이다. 호기나 자존심과 같이 사업에 도움이 되지 않는 것들은 완전히 내려놓고 초심자의 마음으로 준비할 수 없다면 귀촌이나 귀어도 권장할 만하다.

지금은 창업 아이템(Item)만 잘 준비하고 계획만 확실하다면 창업 자금과 운영자금 대출, 전통시장 상인 대출, 햇살론 창업, 운영자금 대출 등 여러 가지로 자금 마련이 가능하다. 귀농인의 경우 집과 농지를 빌려주는 지자체도 늘어나고, 농업 기술도 멘토를 정해 지원해주기도 한다.

어떤 일을 시작해도 많은 어려움이 있고, 신입직원처럼 열정이 있는 것도 아니고, 젊은 나이도 아니니 가족들의 적극적인 지원도 사실상 어려운 나이가 아닌가.

모든 것은 스스로 준비하고 해결해나가야 한다. 자신감은 떨어지고, 가진 돈은 많지 않으니 난감한 상황인 것도 이해는 간다. 그래서 후배 대부분은 취업을 기웃거리다가 시간을 허비하고 만다. 취업해 나이를 먹은 후에는 창업은 사실상 불가능에 가깝고 용기도 나지 않는다. 지금이 가장 젊은 날이니 무엇이라도 시작하라.

취업을 위해 우리는 대학까지 16년을 준비하고 공부했다면 이제 경험과 그동안 살아오면서 나를 충분히 파악했으니 내가 좋아하는 것을 선택하고 1~2년은 준비하라고 권하고 싶다. 실업수당(7개월)도 주고, 기본수당(?)도 준다면 그 기간이 결코 길거나 감당하기 어려운 기간은 아니지 않은가. 할 일은 많고 해보고 싶은 것도 많은데 무엇을 할 것인가는 스스로 결정해야 한다.

누구나 할 수 있는 것은 권장하지 않는다. 잘 된다고 소문나면 바로 옆에 같은 창업자가 생길 수 있다.

누구나 할 수 있지만 아무나 할 수 없는 무기를 장착해야 한다. 아침 출근길에 그 많은 카페 중에 유독 하나만 차와 사람 줄이 늘어서 있는 것을 볼 수 있다.

내가 하고 싶은 업종 중에서 전국에 소문난 집들을 찾아가서 그 노하우를 익히고 배워라. 배워야 할 것은 맛만이 아니다. 경영철학과 내가 만든 제품과 고객을 대하는 자세, 사용하는 정제된 언어, 숨겨진 열정과 정성, 영업 위치, 규모, 종업원 수 등 모든 것을 빠짐없이 내 것으로 만들어야 한다.

업종 특성에 적합한 장소 선택은 필수다. 불필요하게 고정비를 높이는 것은 좋지 않지만, 업종에 맞지 않는 규모와 장소는 망하는 지름길이다.

준비가 잘 되었다면 혼자 시작해보기를 권장한다. 시작했다면 최소한 3년은 배우고, 고치고, 경험해보겠다는 생각을 가져야 한다. 시험도 어려운 시험은 3번은 봐야 합격할 수 있지 않던가. 힘들고 어려워도 자유가 있다는 것은 얼마나 좋은지 모른다. 포기하지 않는 끈기가 있어야 무엇이라도 될 것이 아닌가?

1인 기업이란?

1인 기업이란 혼자서 모든 것을 결정하고 모든 것에 책임지는 형태의 기업이다. 그러나 1인 기업이 반드시 혼자서 모든 일을 하는 것을 의미하지는 않는다.

1인 기업은 실패 부담이 적고, 시간이 자유로우며, 직원과 갈등이 적어 돈을 벌 수 있는 사업이라고 말한다. 1인 기업을 어떻게 시작하며 어떤 아이템으로 어떻게 이익을 낼 수 있는지 그 방법 또한 자신의 몫이다. 1인 기업은 특별한 사람이 하는 것이 아니라 더 늦기 전에 지금 당장 1인 기업을 준비해도 된다. 물론 남이 가지고 있지 않은 능력을 갖췄다면 가장 좋겠지만 그렇지 않은 경우라도 준비만 잘하면 시작할 수 있다. 퇴직 직장인은 나름대로 많은 경험과 노하우가 있지 않은가. 내가 가장 잘할 수 있는 분야, 내가 가장 즐길 수 있는 일을 찾아 남에게 도움이 되는 일이라면 부담 없이 시작할 수 있다.

1인 기업은 실패의 부담이 적다. 사무실도 직원도 없이 시작하면 매달 들어가는 비용이 없다. 돈을 까먹을 일도 없다는 의미다. 설사 실패를 하더라도 큰 손실을 보지 않는다. 다른 아이템으로 다시 하면 된다. 1인 기업은 고정비 부담이 적다. 대부분 사업이 시작도 하기 전에 상당한 비용이 드는 반면에, 1인 기업은 덩치가 가벼우니 언제 시작해도 언제 접어도 가볍다. 직원을 채용하는 순간 4대 보험부터 시작해 온갖 이슈가 발생한다. 5명이 넘으면 노동법의 적용을 받아 해고도 자유롭지 않다. 그러나 5명 이하는 노동법의 적용을 받지 않아 해고가 사실상 자유롭다. 출퇴근 걱정 없이 시간을 자유롭게 쓰고 싶은 사람, 고정비 부담이 걱정인 사람, 직원이나 거래처 담당자와 관계가 힘든 사람은 발상을 전환해 1인 기업을 고려해보라고 권한다. 본인이 가장 잘할 수 있는 부분을 사업 아이템으로 선정해 사업을 시작해 영업이 되는 부분에 집중해 일하면 된다. 이에 대한 지침서는 생각보다 많다. 1인 기업으로 성공한 경우도 많이 소개되어 있다. 1인 기업이 반드시 혼자서 하는 것은 아니고 동네 병원이나 변호사·세무·회계사·공인중개사·법무사와 같이 특수 분야 자격이 있어야 하는 분야도 있지만, 누수·열쇠 수리·방문 수리·도배처럼 전화번호 하나만으로 사업을 시작할 수 있는 분야도 있다.

근래에는 숨고(숨은 고수)라는 서비스 중개 온라인 플랫폼을 통해 본인이 잘할 수 있다면 레슨, 홈, 리빙, 이벤트, 비즈니스, 디자인, 개발, 건강, 미용, 아르바이트 등 다양한 분야에서 활동할 수 있다.

어떤 분야라도 쉬운 일은 없다. 도배도 정규교육과정이 4개월이 넘는다. 이 일을 하려면 도배일만으로는 감당하기 어렵다. 고객과 가정집 내부 인테리어 업무 전반을 전문가 수준으로 준비해야 한다. 여러 사람을 시켜보지만, 그중에도 잘하는 사람과 못하는 사람이 있다. 계속 연결해 일을 부탁하고 싶은 사람도 있지만 다시는 일을 맡기고 싶지 않은 사람도 있다.

일을 잘하고 못하고의 문제도 있지만, 마무리가 깔끔하지 못하거나, 불필요한 언어를 구사해 신경을 건드리기도 한다. 예를 들면 "이번 집은 유난히 힘들었습니다"라고 말하는 경우다. 이런 말을 듣고 돈을 더 주는 것도 아니고, 다음 일이 떨어지게 된다. 왜 불필요한 말을 하는지 한심하다. 오히려 "이번 집은 깨끗해서 쉽게 일을 마무리했습니다. 감사합니다"라고 하면 서로가 기분이 좋아질 텐데.

옛날 부자(父子) 짚신 장수가 있었는데, 아버지는 일찍 물건을 팔고 끝나는데 아들은 항상 파장까지 남아 짚신을 팔아야 했단다. 아무리 그 이유를 알려고 해도 가르쳐주지 않던 아버지가 돌아가시면서 "털, 털, 털" 하셨다고 한다. 모든 일에는 마무리가 중요하다.

줄 서서 기다리는 식당에 가보면 특별히 맛이 뛰어난 것이 아닌 경우도 있다. 그러나 그 집에 가서 식사하고 나오면 기분이 좋거나 최소한 나쁘지는 않다. 가격이나 종업원과의 대화, 그 집의 접대 시스템, 모두가 잘 정비되어 있다. 특별히 친절한 것도 아니지만 손님이 원하는 모든 것들이 나름대로 잘 해결되고는 있다. 다시 말하면 뒤끝이 괜찮다는 것이다.

1인 기업의 경우에는 매출에서 최소한의 필요 경비를 제외하면 모두가 이익으로 남는다. 1인 기업은 열심히 하면 초기에 고생이 따르겠지만 반드시 이익이 나고, 절대로 망하지 않는다는 장점이 있다. 일이 없으면 문을 닫는 일은 생기겠지만.

혼자 하는 사업이라도 초기에 많은 투자를 하거나 불필요하게 많은 직원으로 시작하면 실패한다. 투자와 직원은 시작할 때는 최소한으로 하고, 본인이 할 수 있는 재능으로 봉사하는 마음으로 시작한다면 본인의 건강이 허락할 때까지 평생직장이 될 수 있다.

남은 하기 어렵지만, 본인이 가장 잘하고 가장 재미있어하는 분야라면 준비만 되면 먼저 시작할 것을 권한다. 하지만 잘하려면 먼저 관련 이론을 정립하고 선배를 찾아 자문을 받고 부족한 부분은 충분히 보완한 후에 시작하는 것이 좋다. 평생 사업으로 할 것인데 조금 늦어지면 어떻겠는가? 시작한 후에 잘못되어 다른 일로 전환하는 것보다는 빠르지 않겠는가?

내가 재미있고 돈까지 벌어주는데 얼마나 감사한 일인가? 초심을 잃지 말고 봉사하는 마음으로 최선을 다하는 것은 기본이고 발전하는 기술을 열심히 익히고, 시장의 니즈(Needs)를 항상 파악해 최상의 결과를 만들어내는 노력을 게을리하지 말아야 한다.

1인 기업이 장점도 많지만 어려움도 많다. 일단 시작하면 배울 수 있는 방법도 없고 어려운 것은 반드시 내가 해결해야 한다. 어려운 문제가 발생하면 대충 해결하면 절대로 안 된다.

반드시 전문가의 자문을 받거나 직접 도움을 받아 제대로 처리해야 한다. 그 분야가 내 능력을 벗어난다면 일이 생길 때마다 도움을 받을 수 있도록 미리 준비해야 한다.

정확하게 모르면서 얼렁뚱땅 넘어가면 그 문제뿐 아니라 다른 부분에서도 내 능력을 의심받을 수도 있다. 계속 그 분야에서 일이 많아진다면 기회를 내서 배우고 익혀야 한다. 하지만 몇 년에 한 번 정도 발생하는 일이라면 내 분야를 단순화하고 주변의 전문가를 활용하는 것도 좋다.

식당에 가서 메뉴가 많은 집이 좋은 것이 아니지 않은가. 한두

가지 메뉴로 손님을 만족시킬 수 있다면 재료 준비도 쉽고, 재료도 신선해서 좋다. 물론 준비에 정성이 충분히 들어갈 수 있으니 당연히 맛이 따라주기도 할 것이다.

내 사무실 주변에 최근 퇴직한 부부가 공원 원룸 1층 구석진 데 차린 조그만 콩국수 집이 있다. 자주 들르는데 메뉴는 딱 한 가지다. 그런데도 손님들이 줄을 서서 30분 이상은 족히 기다린다. 테이블이 5개인데, 손님이 기다려도 서두르지도 않는다. 항상 미리 해놓은 반죽을 주문량만큼 떼어내 기계로 국수를 뽑아 즉석에서 만든다. 부인은 상냥한 미소로 콩국수와 고추, 된장을 가지고 탁자로 배달한다. 가격이 싸지는 않지만 비싸지도 않아 가끔 별미로 가족이나 지인들이 만나 즐기기에는 좋다. 사용하는 재료 모두가 좋은 국산만을 고집하는 우직한 주인 부부의 변함없는 맛에 항상 줄을 서야만 한다.

창업한 지 이제 3년쯤 되었는데, 이렇게 번창하니 준비가 잘 된 것 같다. 나는 줄 서는 것이 싫어 1시가 넘어서 가도 마찬가지여서 3시가 넘어갔더니 3시부터 5시까지는 휴식 시간이란다. 이 식당은 부부가 건강하다면 계속될 것이고, 서둘러 많이 벌 필요도 없고, 손님을 대접하는 즐거움으로 만족한다면 즐거운 노후가 아니겠는가.

멀리서 대박 나는 업종을 찾아 나설 필요는 없다. 조용히 계속 즐길 수 있는 일이라면 이 정도의 사업 아이템도 내가 계산해보니 충분하리라 생각이 든다. 이 정도는 누구라도 준비해 창업할 수 있지만, 반드시 성공하리라는 보장은 준비한 본인만이 알 수 있을 것이다.

한없이 작아지는 나

　어느 날 갑자기 대기발령이 나면서 명퇴(명예퇴직의 줄임말)를 압박받고 퇴직하던 날 사물함을 정리하는데, 대학 친구가 20년 만에 연락해왔다. 그동안 교류가 없던 동기 부친상에 같이 가잔다. 경조사는 상부상조(相扶相助)해야 하는데, 반가움보다는 짜증이 올라온다.

　퇴직 후 그동안 살아왔던 사택을 떠나야 해서 집을 구하러 다니는데 내가 준비한 자금으로는 단독주택 전세나 상가 옥상층만 가능하다는 것을 알았을 때 나의 모습은 그때까지 대기업 간부로 살아왔던 나의 모습은 아니었다.

　새로운 사업을 해볼 거라고 그동안 회사 다닐 때 거래했던 은행 과장을 만나 마이너스 통장을 상담하는데 실업자는 안 된다는 단호한 답변에 한없이 작아지던 나를 봤다. 세상모르고 취미생활을 즐기면서 영원히 계속될 줄 알았던 직장생활의 끝은 그렇게 준비 없이 어느 날 다가왔다. 모두가 미리 준비하고 있을 법한 정년퇴직도 실상은 아무런 준비 없이 그렇게 다가와 당황하게 되고, 다시 준비되지 않은 제2의 인생을 살도록 강요한다.

근래에는 상당히 부를 쌓고 걱정 없이 퇴직을 맞이하는 경우도 있겠지만 퇴직자의 대다수는 거의 준비되지 않은 상태다. 아무런 대책 없이 보육원을 나서는 18세 고아처럼 세상에 다시 던져지는 기분이 아닐까 한다.

퇴직이 늦으면 늦을수록, 직급이 높으면 높을수록 그 충격은 작아질지 모르겠지만 새로운 시작은 더 어려워진다. 다행히 부동산 가격이 많이 올라 명목상으로는 큰돈을 가지게 된 경우가 있을 것이다. 하지만 그것도 우직하게 한 곳에서 올해 살았거나 오래전에 싸게 산 땅이 있다면 양도세율이 높아 시골로 이주하기 전에는 이사도 만만치가 않다. 수입이 없다면 재산세도 부담스럽고 종합부동산세는 더 부담스럽다. 옛날 인사동 한옥 상속자가 난방비가 없어 추위에 떤다는 소문은 들었지만, 현재까지도 그런 상황이 계속될지는 몰랐다.

우리나라 65세 이상 인구의 상대적 빈곤율은 38.1%로 OECD 안에서도 가장 노인 빈곤율이 심한 나라다. 멕시코 노인들보다도 한국 노인이 객관적으로 잘 못산단다. 월 70만 원 노인 일자리에 긴 줄을 서는 노인들이 많은 나라. 절대빈곤, 매일 점심을 걱정하지 않는 사람들은 모르는 쪽방촌 빈곤! 아침은 김치와 나물로 점심은 어쩌다 생선 한 조각 먹을 수 있는 정도의 빈곤! 기초노령연금 몇십만 원에 감사하고, 자식들이 노인의 부양책임을 잃어버린 세대, 인습이라는 명목으로 방치된 노인의 빈곤! 폐지 줍는 노인 42,000명이 구부러진 허리에 하루 5.4시간씩 6일을 주워 월평균 159,000원을 번다니, 나가기만 하면 돈을 준다는 노인 일자리는 얼마나 소중할까?

그때는 미처 몰랐던 우리나라 노인실태는 생각보다 훨씬 심각한 상황이다. 요양보호사 보수교육을 몇 차례 한 적이 있는데, 평범한 직장인들의 아내였고 지금은 충분히 노후를 즐겨야 할 나이에 법정 교육을 받으시겠다는 분들이 대부분이었다. 요양보호사 작업환경도 열악해 견디기 어렵다는 최근의 보도를 보고 있으면 여기에 끼지 않고 어쩌다 운이 좋아 끼니 걱정을 벗어나 있는 나는 한편으로는 다행스러우나, 한편으로는 죄인이 된듯한 안타까운 마음이 든다.

'소확행'은 무라카미 하루키(村上春樹)의 《랑겔한스 섬의 오후》에서 나온 '작지만 확실한 행복'의 줄임말이다.

'막 구운 따뜻한 빵을 손으로 뜯어 먹는 것'
'오후의 햇빛이 나뭇잎 그림자를 그리는 걸 바라보며 브람스의 실내악을 듣는 것'
'서랍 안에 반듯하게 접어 넣은 속옷이 잔뜩 쌓여 있는 것'

민진영 작가는 저서 《조그맣게 살 거야》에서 "바람의 향기와 공기의 온도, 나뭇잎의 색깔, 시시때때로 미묘하게 변하는 길거리의 풍경을 온몸으로 느끼고 싶다. 천천히 걷고 느리게 생각하다 보면 말수는 줄어들지만 웃을 일은 더 많아진다"라고 말한다.

산다는 것은 최선을 다한다는 것으로 충분하고 그 결과에 연연하지 않는다면 어떨까?

지금 내가 할 수 있는 일은 어떤 것인가를 생각해보고 그 일을 한다면 어떨까?

아무 일도 하지 않고 있는 것보다는 좋을지 모르지만, 남에게 해가 되는 일을 하는 것은 아닌가?

　내가 존경하는 직장 선배 한 분은 회사에 다니는 동안 부동산 투자를 잘해 상당한 부를 축적해 회사에 근무할 때도 여유가 있었다.

　퇴사한 후에는 잘 키우고 뒷바라지까지 했던 아들 2명이 부모에게 매달 용돈을 드리고, 그동안 모아둔 목돈을 은행에 저축해 이자를 받아 그런대로 큰 여유는 없지만 잘살고 있었다.

　어느 날 나를 찾아와서는 아들들 용돈과 이자로 생활은 되는데, 목돈을 쓸 일이 있으면 원금을 까먹고 있으니 마음이 편치 않다고 하소연했다. 그리고 최근에는 이자율이 내려가서 부담스럽고 점점 더 내려갈 텐데 그것도 걱정이라고 했다. 사택에서 위아랫집에서 살면서 정도 많이 들어 친형님 같은 분이신데.

　그래서 은행에 저축한 돈으로 일정한 수입이 발생하는 부동산으로 갈아타면 어떨지 조언했더니 좋다고 했다. 다만 상가는 일이 적지만 수익률이 낮고, 원룸은 수익률이 그보다는 높지만, 보수 빈도가 더 높다고 했더니 자기가 공무부 수선 팀장을 해 사소한 수리는 자신 있고 큰 수리도 맡기면 된다고 한다. 그러면 형수하고 시내를 조사해 수익률이 평균 이상이고 위치가 괜찮고, 건물에 큰 하자가 발생할 가능성이 없는 물건을 몇 개 선택해 오시면 그중에서 확실한 물건을 가보고 조언해드리겠다고 했다.

　한 달여가 지난 후쯤 이제 물건이 선택되었으니 봐주라고 연락이 와서 가봤더니, 다 그저 그렇고 그런 물건들이었다. 이 정도는 부동산 중개사무소에 가시면 수십 개 찾을 수 있으니 힘드시지만 조금만 더 찾으시면 훨씬 더 좋은 물건이 있을 것이라고 조언하고 그 이유를 상세히 설명해드렸다.

얼마 후 주인이 급하게 파는 좋은 물건이 나왔다고 연락이 와서 가서 바로 계약할 수 있도록 도와드렸다. 그 후에 그동안 건장하게 성장해 직장생활하는 아들한테 연락이 와서 이제 부모님께 용돈을 드리지 않아도 되도록 도와주셔서 고맙다고 음식을 대접하겠단다. 지금 그 형님과 형수는 일주일에 한두 번 드라이브 삼아 그 건물을 둘러보고 청소도 하고 간단한 수리도 하면서 지낸다. 매달 현금으로 입금되는 월세를 확인하는 재미로 여생을 즐겁게 살고 계신다. 그러나 아무리 좋은 일이고 돈 되는 일이라도 본인의 적성에 맞지 않으면 권장하지 않는다.

내가 모시던 상사 한 분은 퇴직 후 동네 목욕탕을 인수해 부부가 운영하고 있다. 언젠가 인사차 들렀더니 아침 5시에 나와서 보일러를 가동해 물을 채우고 밤 10시에 영업을 마치고 청소하고 나면 12시가 훌쩍 넘어 아무것도 할 수 없는 상황이라고 했다. 그래서 양주 한 병을 들고나와 자신이 직접 대접할 수 없으니 가져가서 먹으란다. 입장료가 대부분 현금이라 카운터는 직접 관리해야 하고, 규모가 작아 직원을 쓸 수 없으니 모든 관리를 부부가 할 수밖에 없다고 한다. 이렇게 인생을 낭비해 돈을 만드는 일 또한 권장할 만하지 않다고 생각했다.

무엇을 하든 해본 사람만이 아는 부분이 있고, 장단점이 명확하니 내 돈에 맞춰 사업을 구상하고 시작하면 이런 문제도 있겠구나 싶다. 무엇을 하기는 해야 하는 데 준비는 안 되어 있고 그 막막함이야 당해본 사람만이 아는 것이니 같은 처지를 겪어보고 극복해 낸 사람의 도움을 받으면 지름길이 보이지 않을까.

05

이제 나는 무엇을 할까?

갑작스러운 퇴직에 당황한 적이 있는 직장인은 많다. 현직에 있을 때는 전혀 상상한 적이 없고 젊어서는 실감하지 못했던 일이 현실화되었을 때의 당혹감이란 당해본 사람만이 안다.

젊었을 때는 퇴직하더라도 곧 다시 취직되어 그렇게 심각한 줄 모르다가 나이가 들어 퇴직하면 재취업은 언감생심 불가능해진다. 퇴직의 충격이 내가 가장 사랑했던 사람의 죽음에 버금간다고 하니 보통은 감당하기 어렵다. 본인만의 문제가 아니라 배우자에게도 감당할 수 없는 충격이 와서 이를 슬기롭게 해결해야 한다.

마음의 준비가 잘 되었다 하더라도 이제부터 본격적인 고민과 스트레스가 시작된다.

현직에 있을 때의 직위에 따라 협력업체나 관련 업체에서 여러 제안이 있을 수도 있고, 전혀 관련이 없는 사람으로부터 제안이 있을 수도 있다. 자존심이 강한 사람의 경우에는 경력과 무관한 사업에 대한 고민이 한없이 깊어지는 시기이기도 하다. 개인사업자가 탄생하게 되는 계기가 되기도 한다. 많은 경우의 수를 살펴보면서 구분해 설명하고자 한다.

본인의 능력에 따라 결정을 해야겠지만 먼저 본인이 가장 좋아하는 분야에서 오래 일할 수 있다면 심각하게 검토해볼 필요가 있다. 나는 협력업체나 관련 업체에 취업을 권장하지 않는 편이다. 그 이유는 현재 상황이 일정 기간 뒤로 미루어지는 효과 말고는 근본적인 문제해결이 될 수 없기 때문이다. 지금도 이렇게 고통스러운데, 몇 살 더 먹은 후에 또다시 이런 상황을 마주할 필요가 없다고 생각한다. 지금이 내 생애 가장 젊은 나이인데 지금 할 수 있는 일을 몇 년 후로 미루어 시작한다면 자신감도, 용기도, 열정도, 주변의 도움도 모두가 줄어들 수 있다.

나는 후배들이 퇴직 후 주변 사람들의 취업 제안에 응하는 것을 적극적으로 반대한다. 내 경험에 의하면 이 경우 3년을 넘기기 어렵고, 그 이상 회사에 도움을 준다고 하더라도 내가 받을 수 있는 반대급부는 급여 이상 될 수 없기 때문이다. 내 능력이 그 회사와 맞아떨어져서 많은 수익을 가져다주었다 하더라도 그 효용가치가 하락하는 순간 바로 해고를 면하기 어렵다.

창업이 적성에 맞지 않아 불가피한 경우야 어쩔 도리가 없지만, 재취업은 인생 이모작의 출발을 늦추고 성공 가능성을 줄이며 사업 기회를 박탈하는 경우가 될 수 있기 때문이다. 2~3년 후에 해야 한다면 지금 하는 것이 좋다. 준비가 되어 있지 않다면 실업급여를 타면서 지인의 도움을 받아서 하고 싶은 분야를 공부하고, 실습한 후에 하면 된다. 가능하면 많은 전문가나 달인의 자문을 받아 내 것으로 만드는 것이 좋다. 전문가가 되려면 이론에 능숙해야 하고(필요하면 자격증도 취득하고), 인턴과 레지던트 과정을 거쳐야 전문의가 되지 않던가?

막상 뛰어들어 경쟁자가 되면 조언을 받기도 어렵고, 그럴 만한 시간도 부족하게 된다.

무작정 시간과 비용을 소비해 불필요한 자격증 취득도 권장하지 않는다. 취업준비생일 경우야 이것저것 자격증이 필요하고, 언젠가 쓸 일도 있을지 모르겠다. 그러나 인생 이모작에는 꼭 필요한 자격증 이외에 인생을 낭비할 필요가 없다. 자격증을 따는 데는 시간과 비용이 들어가고, 어떤 자격증은 유지비용(보수교육, 회비 등)도 들어가는 경우가 있다.

목표가 정해지면 그 일에 필요한 자격증이야 반드시 공부해 취득하고, 실무를 익히는 것이 필요하다.

개인 사업은 준비가 되었다고 해도 최소한 3년은 경험하고, 계속할 수 있도록 준비해야 한다. 주변에서 사업을 시작하고 3개월이나 6개월을 해보고 그만두는 경우가 많다. 이 경우 그동안 벌었던 자산에 손실이 따르는 것은 불가피하다. 아무 경험이나 실력도 없이 기존 전문가들과 일합을 겨루겠다는 용기는 대단하지만 살아남을 가능성은 3%라니 내가 하고자 하는 분야에 전문가가 믿을 만한 내 가족이 아니라면 권장할 수 없다.

부자들은 자본이 일하도록 한다. 능력이 된다면, 아니 능력이 안 된다면 더욱더 자본이 일하게 해야 한다. 자본을 사장(死藏)하고 죽도록 일만 하는 것도 무지한 일이다.

가장 안타까운 것은 일할 파트너를 구하는 데 응모자의 대부분이 퇴직 전에 받았던 급여를 고집하는 경우다. 그 업무에서 30년 일한 대가와 이제 초보(물론 같은 업무일 경우는 다를 수 있으나)로 취업을 하겠다는 사람이 억대에 가까운 희망 급여를 적어 놓는 경우 취업은 불가능하다. 취업하고 싶으면 '회사 내규에 따름'으로 표기해야 한다. 내 경력을 충분히 이용할 수 있다면 그에 상응하는 직책과 급여는 협의 과정에서 보장될 것이다. 그렇지 않다면 그에 상응하는 급여도 감수하겠다는 뜻이다. 나와 같이 근무했던 부장이 택시 운전도 하고 아파트 경비원도 한다.

물론 이 경우 여러 가지 일을 해보고 감당할 수 없거나 할 수 있는 일이 없다는 판단이 선후에 하는 직업이겠지만, 새로운 분야에 도전한다면 당연히 내 능력에 맞는 급여를 받아야 하고, 회사에 도움을 주는 만큼만 받겠다는 생각을 가져야 한다. 입사 후 경험을 살려 남보다 더 잘할 수 있다면 잘하는 만큼 더 받을 수 있다고 생각하면 편안하다. 그래야 쉽게 새 출발을 할 수 있을 것이다.

좋은 자리 찾는다고 더 좋은 조건을 찾는다고 기웃거리다 보면 세월은 가고 모은 재산도 줄어들기 십상이다. 사업에 자신이 없다면 내가 하고 싶은 분야에서 일하는 것을 권한다. 최근에는 적어도 73세까지는 일해야 한다고 한다. 현실에서는 그 이상 건강이 허락하는 데까지 일해야 한다. 인생 이모작을 시작하려면 학교 졸업 후 신입사원 응시하려 다니던 때의 마음가짐으로 배우고 익히면서 선배(나이와 전혀 상관없이 그 분야의 선배)의 한마디에 귀 기울이는 자세가 필요하다. 호텔 서비스맨이 된 건설회사 부사장이나, 가족에게 버림받고 쪽방촌에서 지내는 엔지니어링사 상무 출신이 방송에 나온 적이 있음을 명심해야 한다. 취업이나 돈을 버는 것보다 더 중요한 것은 가정이다. 내 옆에 있는 사람이 가장 소중한 사람이다. 이제라도 항상 정제된 언어를 사용하고 감사하는 마음을 말로 표현하는 노력을 게을리하지 말아야 한다. 황혼 이혼이 남의 일이 아닌 세대이기도 하다.

취업도 어렵고 창업은 더 어렵다면 70대가 되어 은퇴하고 할 수 있는 인생 노후를 미리 준비하는 것도 괜찮다.

나는 젊은 시절에 시간이 나는 대로 많은 자격증을 취득했지만, 대부분의 자격증은 인생에 별 도움이 되지는 않는 것 같다. 물론 공부하고 익히면서 많은 분야에 대해 깊이 있고 체계적으로 알게 되었던 것은 사실이지만 그 이상은 아무것도 아니다.

이제라도 내가 도전하고 싶고, 해보고 싶은 분야를 정해 심도 있는 노력을 하고, 남이 객관적으로 인정할 수 있는 능력을 쌓는 것도 바람직하다.

내가 잘할 수 있는 독일의 마이스터 같은 똑똑한 자격증 말이다. 기술사 면접에 가보면 군대에서 화약 창고를 관리해본 경험만으로 제대한 준사관이 이론에 합격해 면접에 임하는 경우도 있고, 75세의 경험 많은 퇴직자가 면접시험에 응시하는 경우도 있었다.

이런 경우 대체로 특정 분야에 몰입해서 다양한 분야를 알아야 하는 기술사 면접에 합격하기 쉽지 않지만 1차에 합격하면 3번의 면접에 응시할 수 있도록 제도화되어 있어 노력하기에 따라서는 합격이 가능하다. 내 주변에는 1차 필기시험을 두 번이나 합격하고 면접 6회 만에 합격한 후배도 있다.

목표를 정하고 노력하는 데 안 되는 일은 없다. 중도에 포기하지만 않는다면 말이다.

06

내일이 아닌
오늘 무엇인가 하라

　직장을 그만두면 무엇인가 해야 하는데 무엇을 해야 할까? 미리 준비된 경우도 있지만 준비되지 않은 상황에서 할 수 있는 일은 두 가지 길이 있다. 첫 번째는 협력업체나 지인이 운영하거나 아는 사람이 소개하는 회사에 들어가 도와줄 것을 종용하는 데 따라서 직장인의 삶을 연장하는 것이다. 두 번째는 스스로 무엇인가를 새롭게 시작하는 것이다.

　내가 봐왔던 퇴직자들의 대부분이 첫 번째 길을 찾아 나서고, 그 길을 생각하고 있다.

　두 번째 길은 어렵다고 생각하고 자신 없어 하기 때문인 듯하다. 처음에는 아는 분들의 주선으로 회사에서 해왔던 업무와 관련된 일을 하게 되는데, 이 경우 친한 후배들의 도움을 받거나 그동안 쌓아온 인맥을 통째로 두 번째 직장에 넘겨주고 1~3년 안에 다시 해고자의 길로 나서게 되어 같은 고민을 다시 시작해야 한다. 몸과 마음이 지치고 나이가 늘어 자신감과 용기가 없어져 다시 시작하는 것이 처음과 달리 더욱 어렵게 된다.

　손쉽게 택할 수 있는 택시 운전이나 아파트, 소규모 공장의 경비

원, 청소 등 단순 직장인을 거쳐 마무리하는 경우가 많다.

나는 상담해온 후배에게 두 번째 길을 강력히 추천한다. 무엇을 하든 충분히 직장생활을 경험했으니 이제는 하고 싶었던 일을 하고, 스스로 삶을 살아보는 것이 좋다고 생각한다. 내 인생의 주인이 되어 살아보는 것도 좋지 않겠는가?

그 일이 취업해서 하는 일보다 쉽거나 수입이 많아서가 아니다. 어차피 내 길이라면 한 번 도전해보는 것도 좋지 않겠는가? 자신 있게 말할 수 있는 것은 아무리 바쁘고 힘들어도 자유가 있다는 것이다. 누구 눈치도 보지 않고 내가 열심히 할 수도 있고 게으름 피울 수도 있는 자유 말이다. 출퇴근이 늦어져도 언제라도 나는 내 마음대로 할 수 있다는 생각 말이다.

그 길이 무엇이든 하고 싶었고 잘할 수 있는(잘할 수 있을 것 같은) 길을 찾아보고 준비해보는 것이다. 준비해보고 아닌 길은 안 가면 되는 것이다. 가 보지도 않고 미리 포기하는 우는 범하지 말아야 한다.

그러나 세상이 그렇게 쉽지 않다는 것은 몇 번이고 적었고 모두 다 아는 것이다. 하나의 방향을 잡고 시작하려면 자신감도 없고 능력도 자금도 충분히 따라주지 않는다. 주위의 동의도 얻기가 쉽지는 않다.

그래도 방향을 설정했다면 오늘 그 길을 따라나서야 한다. 내일로 미루면 내일은 영원히 내일이 되어 변두리 텃밭을 가꾸는 노인으로 변해 있거나 할 일 없는 퇴직자가 되어 자연인이 될 수 있다. 나이는 숫자에 불과하다는 자신감을 갖고 20대의 패기와 마음가짐으로 결정한 바를 처음부터 시작하는 것이다.

우선 관련 서적을 충분히 섭렵해야 한다. 교수 퇴직 후 버섯 전문가가 된 부자 농부는 버섯을 전공한 젊은 교수를 찾아가 같이 연구하고 토론하고 배우면서 이론과 실무를 겸비한 꽃송이버섯의 대가가 되어 돈도 벌고 심취하면서 즐거운 노후를 보내고 있다.

이제부터 내가 할 수 있는 것, 하고 싶은 것 중 직장 때문에 가족 때문에 시작하지 못한 삶을 시작해보는 것을 권한다.

주변에 퇴직 후 성공한 직장 선배, 학교 선배, 동료, 후배가 있다면 아낌없이 시간을 투자해 자문받으면 된다. 한마디, 한마디가 평범하고 들으면 알 수 있는 내용이지만 돈과 시간을 절약할 수 있는 진리가 될 것이다. 가능하면 많은 사람을 만나고 현장에 가서 배워야 한다. 경험자의 말 한마디, 사람을 대하는 태도, 시간 관리 모두가 내 경험이 될 것이고 실력이 될 것이다.

돈에 따른 스트레스를 줄이려면 매달 현금이 일정하게 들어오는 방안을 찾아야 한다.

일정한 현금이 들어오고 그 금액이 적으면 가난한 아빠의 대명사인 월급쟁이처럼 아끼면서 생활하면 된다. 그러나 내가 만난 후배들 대부분이 계획단계에서 목표를 너무 작게 잡아 수입이 너무 적은 우를 범하고 있다. 일단 목표는 내가 노후를 즐길 정도의 수입으로 설정하고 그 목표를 달성할 수 있는 세부 목표와 진행 계획을 수립해야 한다.

목표 자체가 작다면 다른 방법도 찾을 수 없지 않겠나. 우선은 목표가 정확해야 한다.

반평생 직장생활을 하고 퇴직을 맞이했고 목표가 확실하다면 그 목표를 달성하는 방법이 있다고 생각하고 추진계획을 수립해야 한다.

우리는 직장에서 많이 배우지 않았는가? 브레인스토밍(Brain Storming), 업무추진계획, 연말 성과평가, 고과 평가… 방법을 모르면 누군가의 도움을 받아 목표를 달성할 방법을 찾아 나서면 된다.

무엇을 하든 가장 나이가 적은 지금이 시작하기 가장 좋은 때라는 것을 명심하라.

목표가 작으면 쉽게 달성할 수는 있지만 달성된 후에 후회하게 될지도 모른다. 그 열매만으로는 허기를 달래는 데 부족하다면 목표 설정에 실패한 것이다.

직장인들이 갖는 쓸데없는 고정관념이 인생 이모작을 시작하는 데 걸림돌이 되는 경우가 많을 수 있으니 이를 이해하려는 노력도 반드시 해야 한다.

목표가 설정되면 방법을 찾아 바로 첫걸음을 나서보자. 지금 바로!

지금 내가 생각나는 사람을 찾아 나서는 것도 하나의 방법이다. 평상시 친하지는 않아도 한 분야에서 나름대로 성공한, 만나면 반가운 사람에게 전화해 약속하고, 괴나리봇짐을 지고 시외버스터미널, 고속버스터미널, KTX 역으로 출발하면 된다.

일단 부딪쳐 보는 것이다. 나의 목표는 확실하고 언젠가는 달성해야 하지 않겠는가?

그 답을 찾아줄 사람을 찾기만 하면 문제는 생각보다 쉽게 해결될 수 있다. 그러나 너무 빨리 해결되면 재미없지 않겠는가? 힘들고 어려워야 달성했을 때 성취감도 있을 테니까.

이 과정을 즐기면서 하나씩 준비를 해가는 과정이 즐거운 인생

아니겠는가?

목표가 달성되면 풍요로운 노후가 펼쳐질 테니 그 상상만으로도 충분히 즐거운 것이다. 모든 것이 아무리 힘들어도 즐기면 된다. 성공한 선배들이 그 정도 노력도 없이 지금의 열매를 맺었겠는가? 지금도 끊임없이 얼마나 바쁘게 움직이고 있는지 직접 보고 듣고 배우는 계기가 아니겠는가?

시작은 어렵고 힘들어도 목표를 향해 가는 그 과정이 어차피 가야 할 길이라고 생각하고 가보는 것이다.

사업이 자리가 잡히고 고생이 끝나갈 무렵이 되면 너무 늦게 시작했다는 후회가 밀려올지도 모른다. 그래서 내일이 아닌 오늘 바로 지금 시작하라고 하는 것이다.

생각만으로는 아무것도 되는 것이 없다. 목표를 세우고 작은 목표부터 달성해가는 것이 중요하다. 한 번에 달성하려고 하지도 말고, 노력과 고생 없이 큰 보상이 따른다는 말이나 그런 말을 하는 사람은 듣지도 보지도 만나지도 말라. 반드시 함정이 있고, 큰 후회를 만들 뿐이다.

아무것도 모르고는 어떤 결정도 하지 말라. 잘 아는 사람이 도와서 결정해도 잘못될 수 있다는 것을 모르고 결정한다면 그 성공 확률이 몇 %나 되겠는가?

내가 알 때까지 배우고 전문가를 찾아 나서면 얼마 가지 않아 내가 이해되고 충분히 판단할 정도까지 닿을 것이다, 그때까지 끊임없이 익히고 노력하라. 세상에 안 되는 것은 없다. 누구나 성공할 수 있는 것은 아니지만, 누군가 성공했다면 나도 할 수 있다. 늦게 시작하는 나는 그 사람보다 더 큰 노력이 필요하겠지만.

07

내가 좋아하는 일을
할 수 있을까?

내가 좋아하는 일은 직장생활하면서 취미로 즐기던 것을 의미하지는 않는다. 취미로 즐기던 것과 일로서 매일 하는 것은 또 다른 의미를 지니기 때문이다. 취미도 일이 되는 순간 내가 정말로 즐길 수 있는 것인지를 다시 생각하게 되고 몰입하기 어려워지게 되기도 한다. 정말로 좋아한다면 같은 의미일 수도 있고 아닐 수도 있다. 내가 경험한 바로는 생각하기에 따라 같은 의미로 사용될 수도 있다는 생각이다. 창업 초기에 일이 한꺼번에 너무 많이 밀리는데, 아주 쉽고 조금만 생각해보면 알 수 있는 간단한(내가 생각할 때는) 문제를 하루에도 수차례씩 시도 때도 없이 전화해대던 사람이 짜증 날 때도 있었다. 생각을 바꿔 그 사람이 정말 몰랐을 수도 있겠다고 여긴다. 지금은 편한 마음으로 상세하게 설명해드리고 나면 나도 즐겁고 상대도 감사하게 느낀다는 것을 알았다.

좋아한다는 것은 그 일을 할 때 심취한다는 것이고 스트레스를 받지 않고 재미있게 할 수 있다는 것이니 일하면서 즐거움을 느끼는 것보다 더 좋은 삶이 있을까?

하지만 과연 계속해서 이런 것이 가능할지는 진지하게 생각해 봐야 한다. 취미와 일은 전혀 다른 영역으로 본인만이 판단할 수 있는 영역이나 사람에 따라 취미가 다르고 즐기는 분야가 제각각이라 한마디로 단정해 말하기는 어렵지만 계속 즐기는 것이 가능하다고 생각한다. 취미가 없다고 말하는 분들도 있지만 나름대로 즐기는 분야가 없는 것은 아니기 때문이다.

돈 때문에 일하는 것보다 즐거워서 하는 일이 훨씬 더 재미있고 능률이 높으며, 성과도 배가된다는 것은 의심의 여지가 없다. 재미있다면 더 잘할 수 있고 능률이 높다면 결과도 좋을 수 있다. 직장인으로 살았던 사람이라면 이제 새로운 삶을 살아볼 것을 권한다. 그러나 창업은 실업자의 탈출구도 아니고, 취업을 못하는 사람의 해방구로도 권장할 만한 것이 아니다. 충분히 검토하고 길을 정했다면 많은 준비가 필요하다. 내가 좋아한다고 평생 그 일을 해왔던 전문인과 겨루겠다고 하면서 책 한 번 보지 않고 3개월 레슨도 받지 않는다면 호랑이에게 덤비는 하룻강아지일 테니 그 승부는 불문가지(不問可知)가 아닌가? 가장 좋은 것은 좋아서 했든 관련이 있어서 했든 오랫동안 해왔던 분야가 좋을 것이다. 그러나 바둑을 평생 취미로 해왔다고 내 수준이 낮은데 기원을 하는 것은 권장하지 않는다. 당구를 좋아한다고 내가 200점대이면서 당구장을 개설하는 것도 권장할 수 없다. 불광불급(不狂不及, 미치지 않으면 미치지 못한다)이라고 써놓고 실력이 이 정도면 다른 일을 찾아야 한다. 실력이 모자라서 안 된다는 것이 아니라 좋아하는 열정이 모자라서 안 된다는 것이다.

본인은 좋을지 몰라도 열정이 모자라면 어떤 일도 제대로 해낼 수 없다. 특히 다른 사람과 경쟁해서 살아남아야 하는 사업은 적당히 즐기는 것만으로는 오래 견디기 어렵다. 회사는 입사가 어렵지만 입사 후 적당히 견디면 시간이 지남에 따라 호봉이 오르고 승진이 된다. 이것이 한국 문화이고 큰 실수가 없다면 정년이든 명퇴든 할 수 있다. 이모작은 본인의 책임으로 경영하고 그 결과가 달성되는 분야라 3년을 견디기 어렵다.

내 주변에도 기술사이고 공학박사이면서 경력도 다양하고 화려한(?) 후배가 본인의 전공과 경력과 관련이 있는 이런저런 사업을 시작해 얼마 못 가 문을 닫은 사례가 있다. 다시 취업하고, 거기서도 2년이 못가 퇴사했다. 또 기회다 싶어 다시 사업을 열면 뽑은 직원들 못 할 일만 시키고 문을 닫는 과정을 반복했다. 지금은 건강까지 나빠졌다는 소식을 들었다.

사업자등록을 하고 문을 여는 것은 그렇게 어려운 일이 아니다. 나의 사무실 주변이 상업지역이어서 한 달에 한두 번은 새로운 가게가 문을 여닫는다. 개업할 때는 의욕에 찬 인테리어 공사와 즐비한 화환들로 시작하지만 6개월도 못가 문을 닫을 때는 과감하게 결정하지 못하고 문을 닫았다 열기를 반복하면서 시름시름 문을 닫는다. 이 과정에서 고정비는 계속 나가고 그 손해는 눈덩이처럼 커지게 된다. 주식을 살 때 손절매 가격을 결정하고 시작하듯이 미리 준비할 때 정확하게 기간과 목표를 정하고 가능하면 손실이 적어지도록 설계한 후 시작해야 한다.

창업은 현재의 내 능력에 맞도록 준비하는 것이 좋다. 현재 가지고 있는 현금을 전부 투자해 남에게 보여주기 위한 사업을 시작하면 고정비가 많이 들어 얼마 견디지 못하고 힘들어진다.

사업계획서는 월별로 투자비, 운영비(고정비)지출, 매입, 매출을 잡아 최소한 3년 이상은 운영할 수 있도록 준비해야 한다. 이 계획에서 돈은 항상 이자가 발생한다는 것을 고려한다. 현재의 돈은 미래의 돈보다 이자율만큼 가치가 높다는 사실을 이해해야 좋은 투자나 사업 계획을 수립할 수 있다.

사업 기간 수입과 지출 밸런스(Balance)를 잡고(지금은 수학적 개념이 부족한 누구라도 엑셀의 투자 커맨드(Command)를 이용하면 간단하게 계산이 가능), 일정한 기간 이후에는 수익을 낼 수 있다고 판단되면 충분히 투자해볼 만한데, 정상화 과정이 너무 많이 걸리지 않고, 수익을 낼 수 있다는 판단이 서면 투자가 가능하다. 정상화 과정이 길어지면 운영비 등의 자금이 더 많이 필요하다는 것을 이해하고 사업 계획에 여유 자금을 준비해야 한다. 이런 계획 없이 투자한 첫 달부터 수익을 내려고 덤벼든다면 시작하자마자 사업이 아니라 고통의 시작이고, 자금 부족에 시달리게 될 수도 있다.

경영과 관계없이 노년을 보내는 수단으로 실력 수준은 낮아도 기원이나 탁구장, 당구장을 차려 친구들을 불러 모으고, 오는 손님에게 잘하는 성격이라면 잘하지는 못해도 관장/사장 그 자체만으로 즐긴다면 출퇴근하는 길이 즐거울 것이다. 이렇게 용돈을 벌수 있는 창업도 3~5년 정도 재취업하는 것보다는 권장할 만하다.

좋아하는 일을 하면서 건강이 허락하는 날까지 즐겁게 일할 수 있을 것이다. 그러나 이것도 준비 없이 새로 시작하면 일정 수준까지 회원이 늘고 동호회가 조직되고 수입이 일정 수준에 이르기까지 상당한 기간이 필요하고, 정상화되어도 회원들 간의 인간관계 문제 등으로 회원이 떨어져 나가고, 다시 늘어나는 등의 부침을 계속하면서 안정화되어 갈 것이다.

　이런 문제를 어떻게 관리할 것인가를 미리 계획하고, 문제가 발생하지 않도록 경험이 많은 운영자를 찾아 경영과 운영관리에 관한 살아 있는 경험담을 내 것으로 만들면 불필요한 고생을 만들지도 않을 것이고, 발생 조짐이 보이면 미리 대처할 수도 있을 것이다.

　나는 얼마 전 배구 계에서 문제가 된 학교/팀 폭력과 쌍둥이 자매의 상황 대처가 매우 안타까운 일이라 생각한다. 이 과정에서 억울하고 분한 마음도 있겠지만 누군가 전문가의 도움을 받아 슬기롭게 처리할 수 있었다면 피해자와 가해자, 국가적으로도 좋은 결과가 있을 수 있었지 않나 생각해본다. 어떤 일에도 반드시 경험 많은 어른의 말씀을 듣고, 그 분야 전문가 도움을 받는 것은 필요하다고 생각한다. 내가 모든 분야를 알 수는 없지 않겠나. 소통은 듣기에서부터 시작된다.

　듣고 공감한다면 실천하는 것이 무엇보다 중요하다. 그리고 나의 아마추어적인 사고에서, 불필요한 고정관념에서 빨리 벗어나야 전문가를 만날 수 있다. 시대는 급속하게 변하고 있다.

　내가 아는 아주머니는 사업도 하시고, 겉으로는 아주 야무지고 똑똑하신데, 전화기로 문자메시지를 보내는 방법을 모른다는 말을 듣고 뭔가 잘못되었다고 생각했다. 남편도 가르쳐주지 않고, 애들도 알려주지 않으니 지금까지 몰랐다는 것이다. 이것은 핑계에 불과하다. 전화기도 스마트폰이 아닌 일반 폴더폰이라니 본인 탓이다. 지금까지 업무와 관련된 상대방이 문자메시지를 보내오면 바로 전화해 대응했다니 큰 문제는 없었나보다. 그러나 사업 준비가 덜 된 것은 아닌지 생각해본다. 모든 것을 다 잘할 수는 없지만 최소한의 기본은 준비하고 시작하는 노력은 아끼지 말아야 한다.

08

안전 목표는
달성 가능한가?

안전은 한마디로 정의하기 어려운 용어다. 한문의 원뜻과 우리
나라의 안전, 'Safety', 'Safe' 등 의미가 약간씩 다르다.

통계청이 발표한 2019년도 사망자 중 자살 13,799명, 자살률
26.9명/10만 명, 2023년도 자살률 28.6명/10만 명으로 증가추세
에 있다.

2019년 통계에서, 산업재해 사망자 2,020명(120↓), 교통사고 사
망자 3,349(명), 전체 출생아 수 302,676명, 사망자 수 295,110명
(574.8명/10만 명, 남자 160,322명, 여자 134,788명)으로 사망자가 출
생아 수를 초과하는 해가 가까이 왔음을 알 수 있다.

2021년에는 전체 사망자 수가 신생아 수를 넘어 인구 감소가 시
작되는 약세전환지표(Dead Cross)가 일어났다. 2023년 출생아
수는 23만 명으로 전년보다 19,200명이 줄어 7.7% 감소했다. 여
성 1명이 평생 낳을 것으로 예상하는 출생아 수를 의미하는 출산
율은 0.72명으로 0.06명 감소했다. 2023년 사망자 수는 352,700명
으로 전년보다 20,200명이 감소했으나 인구는 줄고 있다.

2019년 신년사에서 "2022년까지 산재사망자를 절반으로 줄이

겠다"라고 대통령이 발표했다. 2018년도 산재 사망자가 2,142명이었으니 2022년도 말에는 1,071명이 목표가 되어야 한다.

그러나 2023년도 사망자 수는 2,223명으로 2018년이나 2019년보다 오히려 늘었다.

안전이란 정치적인 목표도 아니고 우리 국민의 생명을 살리는 일이다. 우리나라 매년 사망자 10% 이상이 제 명에 살지 못하고 사망한다는 것이고, 전체 사망자 수가 연간 30만 명이라면 3만 명 정도는 제 명대로 살지 못하고 사망한다는 뜻이다. OECD 국가 중 통계 대부분에서 재해사망자가 최하위권에 있고 조금씩 나아지고는 있지만 쉽지 않은 일이다.

이는 성수대교가 내려앉고(1994년), 삼풍백화점이 무너진(1995년) 때부터 익히 알고 있었던 통계이고 사실이다. 아울러 신생아 수도 80년대부터 계속 줄어들어 2018년 0.98에서 2023년 현재는 합계출산율이 0.72명이라니 OECD 국가 평균 1.63명에 비해 크게 낮다.

우리가 이러한 문제를 인지한 것은 1980년대였고, 이를 개선하기 위해 지금까지 어떤 노력이 있었고 어떤 결과를 도출해냈는지 참으로 안타까운 일이다. 목표가 설정되면 부처별로 세부 목표가 세워지고, 그에 따른 구체적인 달성계획이 세워져 필요한 인력과 예산을 지원해야 하지 않겠는가? 그리고 분기별로 세부 목표 달성현황을 통계화해 모니터링해야 한다. 그래야 어느 부분에서 미달했는지, 어떤 문제가 있는지 알 수 있고, 어떤 노력이 효과를 내고 있는지? 파악해 문제점들이 보완되고 수정되어 궁극적으로 달성할 수 있다. 시스템이 가동돼야 하는데 연말에 강조주간을 설정해 서두른다고 목표가 달성되는 것은 아니다. 일시적으로 목표를 채울 수 있을지는 몰라도 미봉책에 불과할 뿐이다.

대통령 신년사 이후 이를 관리하는 조직이 정해지고 이를 관리하고 있다는 소식을 들은 적이 없다. 안전은 구호만으로 개선되는 것이 아니다. 공학적인 관리시스템(Management System)이 있어야 한다.

앞으로도 지금과 같은 방법으로는 어떤 목표도 달성할 수 없고, 쓸데없는 재원만 낭비할 뿐이다.

40년 동안 헛바퀴 돌리는 출산율 개선 사업은 누구도 책임지지 않고, 각자 맡은 지자체, 국가기관 담당자별로 열심히(?) 투자만 하고 그 성과와 효과는 개선되지 않고 있으니 말이다.

나는 안전관리 분야에서 많은 기업의 안전경영에 대한 진단을 시행한 경험으로 안전이 일시에 모든 사고를 막을 수 있는 것도 사고가 안전관리비용과 비례해 발생하는 것도 아니라는 사실을 안다. 그러나 전문가가 안전관리를 열정적으로 하면 사고 추세는 반드시 좋아진다고 믿는다. 현장에서 그동안 많은 사람이 이를 증명한 바 있다.

한 국가의 안전사고 통계와 어떤 한 조직의 안전사고율은 경영진의 안전 마인드와 안전문화를 나타내고, 그 결과는 노력과 반드시 일치한다. 중대재해기업처벌법이 논란의 중심에 있고, 이 법이 우리나라의 재해율을 감소시키는 데 일조할 것으로 믿기 어려운 부분도 있다. 지금의 추세로는 중대재해를 일으키는 기업의 안전문화는 누구의 책임이든 문제가 있다고 보고 있다. 이를 해결하지 않고는 사고 발생과 원인의 고리가 끊어지지 않는다는 것도 사실이다.

기업의 안전문화를 평가할 때는 경영진 면담을 진행하도록 하고 있는데 경영진의 면담 점수는 대부분 기업의 안전문화 점수와 같은 수준이다. 기업의 사고 발생 수준과 일치하는 경우가 대부분이다. 이제는 사고를 예방하는 기법도 많고 안전 공학적인 기술도 많은 발전을 해 의지만 있다면 어떤 방침이나 목표도 충분히 달성할 수 있다고 생각한다.

내가 현업에서 안전을 공부할 때는 무재해운동이 한창이었다. 아침에 출근하면 사업장에 출근한 모든 이의 작업인시가 합해져서 게시판의 숫자로 올라가고 그 목표가 달성되면 포상도 하고 자축도 하고, 기념품도 주는 방식이다.

이 운동은 일본의 한 전자 회사에서 허드렛일 하던 임시 일용직 직원이 사망해 사장님이 간부들을 대동하고 장례식장에 문상하러 가서 문상을 마치고 나오면서 상주에게 의례적인 위로를 건네는 사장님에게 젖먹이 아들을 안고 넋 놓고 울고 있던 젊은 미망인이 사장을 불러 세우고 "사장님께 한 가지 부탁이 있습니다"라고 말을 꺼내니 혹시 큰 보상을 요구하나 싶어 동행한 직원들이 당황하고 있었다. "사장님은 20만 분의 1만큼 슬픔이 있으시겠지요? 저와 이 아이는 모든 것을 잃었습니다. 삶의 의미마저도 잃어버렸습니다. 다시는 우리와 같은 이런 슬픔이 반복되지 않도록 해주십시오" 하는 절규로부터 시작된 운동이다. 그때 그 자리에서 사장님이 한 약속으로 시작되어, "우리 사업장에서 소중하지 않은 사람은 한 사람도 없다. 손가락 한 마디, 피 한 방울 흘리지 않도록 하자"라는 간절한 운동으로 20만 명이 근무하던 사업장이 10년 무재해로 이어졌던 성공사례다. 이 운동에는 사장님의 강력한 추진력에 무수히 많은 기법이 개발되어 현장에 적용되었다. 지금도 아침마다 작업 현장에서 안전 장구를 착용하고 미친 듯이 하늘을 향한 절규같이 "오늘도 무재해 좋아!"를 외쳐대는 'Touch & Call'을 비롯해 위험예지 8 Round 기법, TBM(Tool Box Meeting) 등 헤아릴 수 없이 큰 노력의 결과다.

나도 아침에 출근하면서 무재해 기록판을 보고 오늘 출근한 모든 이의 안전한 1시간마다 이 기록판의 숫자가 올라가고 있다는 생각으로 매일 간절한 염원을 담아 기도했던 생각이 난다.

안전은 노력하는 만큼 결과가 나오고 노력을 멈추면 바로 사고로 연결되는 공학이라는 사실을 인지한다면 충분히 간절한 만큼 개선할 수 있다.

내가 지금까지 안전 컨설팅을 하면서 무수히 많은 회사를 방문하고 경영진과 면담하면서 느낀 것은 사고가 많은 회사의 안전관리라인(Safety Management Line)에는 반드시 사고뭉치가 한자리를 차지하고 있다는 것이다. 이 사고뭉치가 시스템 결함일 수도 있고, 특정 사람일 수도 있다.

이를 개선하지 않으면 통계는 일시적으로 개선될 수는 있어도 중대재해는 끊임없이 일어날 것이다. 그 원인도 정확하게 모른 채 기업과 최고 경영자는 중대재해기업처벌법에 따른 책임을 2022년 초부터는 져야 한다. 처벌도 좋지만 이를 개선하고자 하는 노력을 객관적으로 충분히 하는 회사는 면책 또는 감면할 수 있는 길을 열어주어야 한다. 경영자가 최선을 다하는 방안을 제시해주고 유도해야 한다. 아직 무엇을 구체적으로 하지 않으면 처벌되는지가 명확하지 못한 부분이 있다. 그러나 점점 구체화되겠지만 이것이 처벌을 피하려는 방편이 아니라 사고를 예방하는 방편으로 작용할 수 있도록 유도하는 기능을 해야 한다.

지금까지 몇 년째 특정 대기업들이 사망사고를 내는 것도 사실이고, 이를 예방할 책임이 있는 것도 현실이다. 그러나 그 기업의 누구도 무엇을 어떻게 해야 하는지 모르고 있는 경우가 있다. 아직도 법에서 정하고 있는 안전교육은 최저가 입찰을 통해 가격이 제일 싼 업체가 도맡아 허접한 강사들로 법에서 정한 최소한의 교육을 하고 있다. 20년 동안 이러한 안전교육을 받은 현장 직원들은 안전에 대해 아는 것이 많지 않다.

돈을 많이 쓴다고 개선되는 것도 아니고, 호통을 친다고 개선되는 것은 더욱 아니다.

안전은 열정과 노력으로 충분히 개선될 수 있고, 사고 발생 추세는 반드시 노력에 비례해 줄일 수 있다.

그러나 지금 이대로는 사망사고를 반으로 줄일 수 없고, 앞으로도 크게 줄일 수 없다. 예를 들면 몇십 년 전에는 매년 여름마다 물놀이 사고로 80여 명이 사망했다. 지금도 간혹 사망사고가 나기는 하지만 정식으로 개장하고 당국에서 관리하는 물놀이장에서는 소방서와 자원봉사자들의 노력으로 성과가 나타나 매년 사망자가 거의 나오지 않고 있다.

이제는 정부에서 단속이나 징벌만으로 사고를 막겠다는 생각은 한계를 드러내고 있다.

부동산 정책에서도 단속과 징벌만으로는 역효과가 난다는 것이 계속 결과로 나타나고 있다. 안전은 문화로 승화해야 하고,

이것이 세계적인 추세다. 근래에 ESG, 즉 E(Environment, 환경), S(Social, 사회적 기업), G(Governance, 지배구조)로 기업의 사회적인 책임 문화가 도입되고 있다. 자연스럽게 노동자의 생명을 존중하며, 환경을 관리하고, 지배구조를 투명하게 관리하지 못하는 기업은 그 대가를 지불하게 하는 분위기가 형성되어가고 있다.

기업 스스로 돈과 인력을 투입해 문제를 해결하는 노력을 유도해 자연스럽게 그 결과가 나타나도록 하고, 이를 역행하는 기업을 객관화해 우리 사회에서 발붙이지 못하도록 하는 사회적 합의가 이루어진다면 쉽게 개선될 일이다. 그때도 문제가 있는 기업은 처벌하면 된다. 이런 처벌을 받으면 기업은 망하게 된다. 우리나라에는 법이 너무 많다. 필요할 때마다 만드니 일반인들은 물론이고 전문가들도 만들어지는 법을 계속 정리해 숙지하지 않으면 모른다.

하나의 사안에는 하나의 법으로 통합해 운용하면 얼마나 좋겠나. 특별법도 필요하면 만들어야 하겠지만 일정 기간이 지나면 본래 법에 통합해 개정하는 노력이 있었으면 좋겠다.

법을 지켜야 하는 국민의 관점에서 그렇다는 것이다. 중대재해기업처벌법의 가장 많은 혜택을 받을 사람이 누구일까? 현장 근로자, 안전전문가, 안전관리자, 안전시설 공사업자, 변호사, 안전담당 공무원….

아이러니하게도 답은 변호사다. 사고가 나면 법은 불명확하고, 피고인은 돈 많은 기업과 사장이니 벌써 회자하는 이야기다. 점점더 현실화되어가고 있다.

09

어디로 갈까?

내가 어디서 와서 어디로 가는지 정확하게는 누구도 모른다. 나의 아내는 크리스천(기독교인)으로 확실히 천국으로 갈 수 있으니 나도 같이 가자고 한다. 확실한 것은 우리는 모두 세월과 함께 어딘가로 가고 있다는 것이다.

나는 오늘 무엇을 어떻게 잘해야 하는지, 잘하고 있는지 명확히 모르지만 나름대로는 무언가를 한다.

사람이 산다는 것은 무엇일까? 그리고 무엇을 하면서 어떻게 살아야 할까?

내일은 어김없이 오겠지만 그것이 나에게도 계속될지는 지금 시점에서 아무도 알 수 없다.

내일이 있을 것이라는 막연한 믿음으로 그렇게 살고 있을 뿐이다. 내일이 없다는 확신이 있다면 지금 나는 무엇을 해야 할까? 어떤 것부터 해야 할까? 그동안 켜켜이 쌓아두었던 묵은 마음들을 급하게 정리해야 한다. 누군가에게는 속 좁은 나를 사과하고, 누군가에게는 그동안 미루어 두었던 감사와 사랑의 언어를 전달해야 한다. 그리고 한꺼번에 몰려올 후회를 이제라도 급하게 정리해야 한다.

하루에 이를 모두 할 수 없을 만큼 많은 것들을 너무 쌓아놓았다는 마음에 갑자기 불안해진다. 이제라도 그동안 미루어두었던 정리하지 못한 빚들을 빨리 하나씩 정리해 서두르지 않고도 세월이 가면 모두를 정리할 수 있도록 준비해야지 싶다.

언젠가 간다는 사실을 알면서도(당연하지만) 가지 않는다고 생각하는 것은 무슨 배짱인가? 망각인가? 자만인가? 참으로 한심한 일이 아닐 수 없다.

이제부터라도 지금 할 수 있는 것들을 미루지 않도록 해야겠다. 특히 인간관계에서 일어나는 나에 대한 잘못된 부분은 즉시 사과하고, 감사하고, 사랑의 마음을 표현해야 할 것이다.

그보다 더 중요한 것은 이제부터라도 이러한 원인 자체를 만들지 않아야 한다.

항상 매사에 감사하고, 상대를 존경하고, 좋은 언어를 골라 사용해 상대방의 마음이 상하지 않도록 배려해야 한다. 이제까지 내가 지은 것들을 푸는 부분도 중요하지만 새로운 원죄를 만들지 않는 것은 더 중요하다.

이제부터는 베풀고, 덕을 쌓으며 여생을 살아야 한다. 마음이 가지 않는다면 먼저 행동이라도 해야 한다. 그러나 이 또한 쉽지는 않을 것이다. 지금까지도 그랬으니까? 너무나 가난한 시절, 부족한 환경을 살아왔기에 이런 것들이 몸에 덕지덕지 붙어 있어 항상 시기를 놓치고 후회한 것이 얼마였던가?

생각날 때, 기회가 있을 때 후회가 남지 않도록 고민하지 말고 바로 행동으로 옮기자.

이제는 나를 사랑해야겠다. 그동안도 그래 왔지만 나를 위한 선물도 하고 내가 좋아하는 것은 아끼지 말고 하도록 해야겠다. 그동안 아낀다고, 시간이 없다고, 바쁘다고 하지 못했던 여행도 다녀야겠다. 맛있는 것도 먹고 만나고 싶은 사람도 만나야겠다.

우리나라 사람 특히 남자들은 일하다가 죽거나 일을 끝내고 바로 죽는다고 했던가?

퇴사 후 많은 고생을 하고 창업을 해 이제는 남부럽지 않은 부를 쌓은 존경하는 후배가 암이 발견되어 대학병원에서 수술을 하게 되었다. 수술 전에 간호사가 사망해도 책임을 묻지 않는다는 서약서에 사인(Sign)하라고 하더란다. 간단한 수술이라고 했는데, 무슨 소리냐고 수술을 거부하고, 수소문해 서울에 가서 수술하고 왔다. 갑자기 캠핑카를 주문해 부부간에 나들이를 몇 번 하고는 얼마 안 가 다시 옛날 생활로 회귀했다. 노는 것도 놀아본 놈이 놀고 술도 먹어본 사람이 먹는가 보다. 이렇게 살다가 나도 우리 부모님처럼 홀연히 떠나는가 싶다. 그래도 나는 꿈꿀 수 있어서 좋다. 남미도 가보고 아프리카도 가보는 꿈을 꾼다. 전 세계를 여행하는 소망으로라도 충분히 행복하다. 그것이 지금까지는 희망사항으로 남아 있지만 언젠가 마음만 먹으면 할 수 있다는 희망사항 말이다.

나와 함께 20년 넘게 지역사회 봉사활동과 안전·보건 교육을 열심히 하시던 병원 이사장이자 신경과 원장님이 돌연 돌아가셨다는 소식을 내가 미국 서부를 방문하기 위해 이륙하는 비행기 안에서 전해 들었다.

덕망이 높아 그 바쁜 와중에도 나와 같이 열심히 봉사활동을 해 시민 대상도 타시고, 체육 단체도 맡아 적극적으로 이끄셨다. 의사회 회장도 하시던 훌륭한 분이었는데. 아무리 바빠도 아는 분의 애경사에는 빠지지 않고 나타나 그 소탈한 미소를 나누어주시던 분이었는데.

처음에는 조그만 병원을 두 분이 개업해 운영하시더니 지역에서 망해버린 중규모 병원을 인수해 훌륭한 병원으로 키우셨다. 소문이 났는지 은행에서 연락이 와서 경산에서 노조파업으로 부도 직전인 병원까지 맡아 불철주야(不撤晝夜) 심혈을 기울여 결국은 그 병원의 전 노조문제도 해결하고 정상화하는 데 성공하셨다. 아침에 자전거를 타고 운동하다 골목에서 튀어나온 차량과 충돌해 입원하셨다는 말을 듣고 병문안을 갔더니 본인의 과실을 먼저 인정하고 웃으시던 모습이 지금도 선하다.

그 병원에 아는 사람이라도 입원하면 그 바쁜 시간을 쪼개어 하루에 한 번은 반드시 들려 경과를 묻고 불편을 해소해주시던 그런 사람이었는데.

사망하기 전날 아버지에 이어 의사 과정을 공부하고 있는 자녀들이 모두 집에 내려와서 같이 식사하고 본인은 다음날 골프 약속이 있어 6시에 나간다고 잠자리에 들었고, 애들과 엄마는 늦게까지 이야기하다 다른 방에서 잠들었다는데….

아침에 골프 모임을 가기로 한 골프회원들이 이사장님이 안 온다고 연락을 해서 방에 가보니 심장 마비로 편안하게 돌아가셨다고 한다.

우리가 만나면 본인이 인턴 시절에 별안간 심장 마비가 와서 동료들이 살려준 이야기를 하고는 했다. 병원에서 500m밖에 안 떨어져 있고, 예비 의사 자녀가 둘이나 있는 집에서 그렇게 갑자기 허망하게 가는 인생의 끝을 생각이나 했겠는가.

그래도 좋은 일을 많이 해서 병원 로비에 가면 흉상을 제작해 설치해두었으니 그분이 생각나고, 가시는 길에 문상도 못 한 죄스러움이 생각나는 날이면 조용히 그곳에 들러서 가벼운 묵념으로 옛날을 회상하고 나누었던 대화를 연결해 나누다 오고는 한다.

테니스 동호회의 동료 한 명은 운동 중 테니스장에서 돌연 졸도해 안정을 시키니 정상으로 돌아와 병원에 가자고 하니 안 간다고 했단다. 잠시 후 다시 의식을 잃어 긴급하게 119에 연락해 병원으로 후송하고, 검사한 후 100여만 원이 드는 스텐트 시술을 시켜놓고 정신이 들어 부인에게 연락했다고 했다. 부인이 급히 와서는 "왜 돈 많이 들게 시술을 했냐?"라고 했다니 웃을 수밖에.

지금도 서울의 건물 청소업체에서 일을 받아 몇 명의 노인들과 함께 한나절씩 건물 청소를 하고 다닌다고 오후에나 운동하러 나오는데 주위에서 별로 부러워하지는 않는 기색이다.

10

인재 찾기

사람을 찾는다는 것은 정말 어려운 작업이다. 특히 소기업에서 쓸 만한 인재를 찾는다는 것은 정말 어렵다. 대기업처럼 몇백 대 일의 경쟁률을 보이는 것도 아니고, 마음에 들어도 실제 올지도 모르겠고, 원하는 만큼의 대우를 제공할 수도 없다.

현재 회사에 10여 년 동안 같이 일하던 여직원이 육아 휴직하고, 회사 형편을 잘 알아서 그러는지 그 후에는 신랑이 있는 타지로 갈 모양으로 휴직 후 사직한단다.

그래서 후임을 채용하려고 백방으로 소문을 내고 부탁도 하고, 사람인, 워크넷까지 찾아 나서봤다. 실직자가 200만 명이라는데, 도무지 쓸 만한 인재를 찾을 수 없다. 솔직히 말해서 돈이 적어서 인가? 소기업이라서? 50여 명의 지원자가 몰리기는 해도 그중에서 눈길이 가는 인재는 별로 없었다. 혹시 한두 명 눈에 보이지만 취업을 제안할 용기가 나지 않는다. 지역이 멀고, 가정이 있어 이 정도의 급여로 이사를 오라고 하기도, 주말 부부를 종용하기도 어려워 연락을 할 수도 없었다.

근래에는 플랫폼에서 입사 지원자별로 AI가 회사에 적합한 인재인가를 평가해 그래프로 제시해주는데, 50점을 넘는 인재도 찾기가 어렵다. 입사 지원자는 AI 평가 결과를 볼 수 없는지, 있다면 AI 평가 기준에 맞도록 지원서를 작성해야 모집자가 한 번이라도 볼 것 아닌가?

내가 찾는 인재는 대학 졸업 후 전문용어 정도는 이해할 수 있을 정도 경력자인데, 주어진 일에 책임감을 느끼고 최선을 다할 것 같은 사람이었다. 경력에서 몇 년씩 허송세월한 사람과 입사한 회사에서 1년도 견디지 못하고 수없이 옮겨 다닌 사람, 현직에 있으면서 다른 직장을 기웃거리는 사람, 이력서에 오타가 많이 발견되는 사람, 서류상으로는 '불광불급'인데 어떤 부분에 미쳤는지, 어떤 일을 할 수 있는지도 알 수 없는 사람들만 있었다.

내가 제시한 연봉이 있는데, 현재의 처지를 알지 못하고, 해고되기 전에 받았던 터무니없이 높은 연봉에 사로잡혀 있는 사람, 이런 사람은 내가 난데 하면서 일이나 제대로 할까 걱정이다. 중소기업에서는 본인의 능력에 따라 얼마든지 성과를 창출할 수도 있고, 쉽게 도태될 수도 있다는 사실을 생각해야 한다. 이제라도 초심으로 돌아가 처음부터 본인의 능력을 키울 생각을 하고, 능력을 발휘할 생각을 한다면 얼마든지 취업할 수 있으리라 생각한다.

특히 인생 이모작을 생각하는 중년들이나 중도에 이직해 재취업을 바라는 사람, 대학 졸업 후 학원에서 우선 시간제 강의를 하다 이제야 본격 취업을 원하는 사람, 취업을 했는데 2~3년 만에 회사가 문을 닫아 다시 취업 문을 두드리는 사람은 이 시간 이전의 나는 말끔하게 잊고 다시 태어나는 마음으로 인생 이모작, 재취업을 준비해야 한다. 가능하면 내가 좋아하는 일을 찾아서 봉사하는 마음으로 시작한다면 좋을 것이다. 취준생일 때처럼 아무 직장이나 합격만 시켜주면 들어가는 그런 취업보다는 나의 이상을 실현할 수 있는 직장이라면 더 좋지 않을까.

그래야 실패를 줄이고 늦은 나이까지 일할 수 있을 것이다.

사업주 입장에서 한 번만이라도 생각해 본다면 돈 잘 벌어줄 수 있는 직원, 돈 잘 벌어주는 직원을 잘 모시지 않을 이유가 없다. 그러나 직원이 사장이 될 수 없듯이 연봉만 생각하는 직원들은 언제라도 다시 지금의 실업자 신세로 내몰릴 수 있다는 점을 명심해야 한다.

내가 아는 후배는 자기가 다니는 회사에서 얼마나 열심히 했는지 매출을 200배로 키우고 여기에 필요한 공장 용지도 사서 공장도 짓고 회사가 크게 번창하도록 했다. 나이가 들어 퇴직할 때 사장이 퇴직금 이외에 큰 원룸 건물 한 채를 사서 임대료를 받을 수 있도록 선물해주고, 차량도 제공해 계속 사용하도록 했는데 3년이 지나니 미안했는지 반납했다. 요사이는 자기 차를 타고 다닌다. 다행스럽게도 최근에 그 원룸 지역이 재개발에 들어가 매입가의 2배 정도를 보상받을 수 있게 되었다니 좋은 일에 더 좋은 일이 겹치는 겹경사가 났다.

이런 미담도 중소기업에서는 충분히 가능한 일이지만, 주변에서 회사의 노하우나 영업권을 빼내 이웃 공장에 팔거나 자기가 유사한 회사를 차려 소송에 져서 몽땅 빼앗기는 경우도 있다. 이런 경우는 쌍방에 큰 손해가 나고, 본인도 그 업계에 발을 붙이기 어려운 경우이다.

어디에 이렇게 회사를 키워 줄 수 있는 인재는 없을까? 오히려 나쁜 직원이 될 수 있는 소지가 적은 인재를 찾는 것이 빠른지도 모르겠다. 나에게도 이런 훌륭한 인재를 찾는 현안(賢眼)이 있었으면 좋겠다. 중소기업에는 신입사원보다는 경력이 있고 가르치면 바로 적응해 한 자리를 차지하고 한몫을 해주는 직원이 필요하다.

가르치면 자기 영역을 구축하고 직원을 데리고 한 파트를 맡아 흑자를 낼 수 있는 팀장이나 사무장도 좋다. 내가 찾는 인재는 대기업에서 일을 배우고 중소기업에서 자기 이상을 실현해보고자 하는 사람이면 어디라도 모시러 갈 수 있을 것이다. 이런 사람은 많아도 아무런 문제가 없다.

자격증 면접관을 해보면 면접관에 따라서 수험생에 대한 평가에 상당한 차이가 나고 점수 분포도 다르다. 대학교수는 이론적인 부분만 물어보고 교과서적인 답을 좋아한다. 고등학교 교사 면접관은 사전적인 문제를 많이 물어보고 정확한 답을 요구한다. 나는 현장에서 쓰일 만한 기술과 지식을 요구한다. 전문가로서 최근에 사회문제로 대두한 사고에 대한 개선 대책이나 문제점 같은 것들이다. 정확한 답은 하나가 아닐 수 있고, 반면에 어떤 답도 만점이 될 수 없지만, 그 사람의 생각 모두가 점수가 될 수 있는 사안이다. 핵심 대책은 반드시 포함되어야 하나, 점수가 0점 처리되는 경우는 모른다고 답하거나, 문제를 정확히 파악하지 않고 포기하는 경우가 해당된다.

자기의 생각을 정리해 말하는 기술은 많은 훈련을 거쳐야 한다. 내가 안전과장으로 있을 때 현장 과장 중에 매달 하는 안전교육에 자원해서 나선 과장이 있었다. 내가 판단하기로는 처음 강의 한다는 것이 어려울 것 같아 몇 번 거절했다. 계속 부탁하길래 외부 강사도 부르는데 내부 강사도 문제가 없을 것 같아 2개월 후에 2시간 강의를 배정하고 강의 제목을 받아 공문을 보내 전사에 공지했다.

그 시간이 되어 뒷줄에 앉아 강의를 듣는데, 처음에는 준비한 대로 잘 가는가 싶더니 20여 분이 지나자 강의가 꼬이는 것이 보이기 시작했다. 준비한 내용의 중간 부분을 까먹고 후반부로 넘어가 30분이 지나니 준비된 강의 마지막 부분으로 넘어가는 것이다.

강의 경험이 풍부한 사람은 앞으로 갔다 뒤로 갔다 하면서 청중들의 관심을 집중시키고, 유머를 섞기도 한다. 강의 내용과 관련이 작지만, 청중들의 인기를 끌 만한 내용을 삽입하기도 해 유연하게 강의를 마친다. 그런데 강의를 처음 해보는 이 과장은 당황해 몇 분간 횡설수설하더니 준비한 강의가 여기까지라고 하며 강단에서 내려오는 것이다. 강의를 듣던 근로자들은 그 상황을 재미있어했지만, 주관자인 나는 뒤에서 듣다가 크게 당황하게 되었다.

어떤 일이든 처음에는 어렵고 힘들지만 도전하지 않으면 역량이 커지지 않는다. 쉽게 발전하지 않는다는 것을 명심하고 도전해야 한다. 이 과장은 다시 나에게 강의 배정을 요구하지 않았다. 그 힘든 준비와 도전이 고생한 기억과 망신스러운 강의 트라우마 말고, 역량을 키우는 기회로 만들었으면 좋으련만 그 뒤에도 강의한다는 이야기를 들을 수 없었다. 강의는 처음에는 어렵지만 많은 준비를 해서 계속한다면 누구나 잘할 수 있다.

말주변도 없고 내성적인 전직 권투선수가 몰려드는 강의 요청에 처음에는 모두 거절했다고 한다. 그러나 부인의 강력한 권유와 지도로 강의안을 작성하고 며칠을 외워 처음 강의에 도전한 후 지금은 유명한 강사가 되었다는 일화는 유명하다.

내가 알고 있는 사람 중에 현장 근로자로 일하다 산재로 크게 다친 후 사고 사례 강의를 나섰다가 지금은 명강사가 된 분도 있고, 안전 기법을 전수받다 감명을 받아 그 기법을 전수하러 강사로 나서 직업을 강사로 전환하신 분도 있다.

포기하지 않고 도전하고 힘든 고비를 넘어야 결과물을 만들 수 있다는 것을 보여주는 사례들은 앞의 사례 말고도 주위에 많다.

11

승자의 뇌

평범하게 살아왔던 사람이 갑자기 승자가 되면 좋지 않은 일이 많이 생기나 보다. 옛날 6·25 전쟁이 나고, 마을에 공산체제와 자유민주주의 체제가 기간별로, 주·야간마다 바뀌던 시절에 체제가 바뀌면 압박받던 하층 사람 중에서 지도자를 선임해 공동체 전체를 관리하도록 권한을 위임했단다.

한 번도 그러한 권한을 행사해본 적이 없는 머슴이 별안간 완장을 차면 어떤 일이 일어날까?

한 번도 권한을 행사해보지 못했으니 원칙도 일관성도 공론화할 필요도 없고 본인의 감정에 따라 상황을 지배하고, 모든 문제를 무식한 자기 주관으로 처리해 원한을 만들었다. 이러한 황당한 상황이 "머슴이 완장 차면 일어나는 일"들이다.

아일랜드 인지신경과학자이자 신경심리학 분야 국제 권위자이고, 지금은 아일랜드 더블린 드리니칼리지에 재직 중인 이안 로버트슨(Ian Robertson)은 저서《승자의 뇌》에서 '아주 잠깐 권력의 맛을 조금만 봐도 이기적으로 바뀌고 다른 사람 관점에 무관심해진다'라고 썼다.

온 마을에 피비린내가 나고, 다시 체제가 바뀌면 또 다른 보복이 따르는 상황이 연속되어 외부 세력에 의한 문제가 아니라 내부적으로 또 다른 난리가 나서 마을이 쑥대밭이 된 경우가 특히 시골 동네에 많다.

근래에도 이런 현상은 곳곳에서 볼 수 있다. 한 번도 앞에 나서 본 적이 없는 사람이 갑자기 돈에 여유가 생기고 기회를 잡아 앞자리에 앉으면 기고만장해지고 연장자를 알아보지 못한다. 결국에는 패륜아가 되는 불행한 상황은 인간의 속성인가보다. 최근 정치권에서도 자주 볼 수 있는 상황으로 인격적으로 완성되지 못한 사람들이 앞자리에 나서는 것은 경계해야 한다.

레프 톨스토이(Leo Tolstoy)는 '행복한 가정은 모두 비슷하지만, 불행한 가정은 각자 나름의 방식으로 불행하다'라고 했다. 안전에서도 잘하고 있는 회사는 모두 같은 이유로 안전을 잘하고 있고, 자기의 일이라고 열심히 하고 있지만, 안전수준이 낮은 회사는 모든 구성원이 나름의 이유를 들이대며 본연의 임무를 회피하고 있어 제대로 되는 부분이 없다.

사람의 인격이 완성되어가는 과정이 쉽지는 않겠지만, 직장생활만 하다 은퇴한 퇴직자가 창업하자마자 승승장구하기를 바라는 것은 숲에서 생선을 찾는 격이다. 고생과 어려움을 감내할 마음의 자세를 갖고 이에 대한 준비를 많이 해야 성과가 튼실해지고, 그릇도 커져 사회에 큰 도움이 될 수 있다. 이런 생각으로 땀 흘리고, 노력을 쌓아야 그 결과를 얻을 수 있다는 신념으로 견뎌야 한다.

너무 쉽게 얻어진 성과물은 보람도 오래가지도 않을 것이니 훗날 누군가에게 이야깃거리(Story)가 될 수 있도록 하나씩 쌓아가는 준비가 필요하다.

과정이 충실하고, 힘들고 어려운 과정을 거치면서 키워온 열매가 튼실하고, 오랫동안 초심을 잃지 않고 견디며, 과실을 크게 맺을 수 있지 않겠는가.

내 일을 하는 것이 직장생활보다 쉽다고 할 수는 없다. 몸은 훨씬 어렵고 힘들 수 있지만, 마음만은 자유롭고 여유로우면서 내면의 즐거움이 따른다는 이야기다. 주말을 기다리지 못하고, 추석이나 명절에 더 바쁘고 쉴 수 없는 상황이 되어도 마음에 여유가 있고 자유롭다는 것이다. 가끔은 울산에서 새벽에 출발해 서산 공단에 가서 몇 시간씩 강의나 회의를 하고 늦은 시간에 끝나 귀가해도, 짜증이 나거나 불평하지 않는다. 내 일을 하는 것이기 때문이다.

오히려 기쁨이 넘치고, 활기가 넘치는 생활을 할 수 있으니 어찌 그 만족을 누구에게 설명할 수 있겠는가? 시간 여유가 있으면 아내와 함께 과거에 인연을 맺은 다른 지역의 지인에게 연락하고 방문해 밥을 대접하고 다음 날 돌아온다고 안 될 일도 없고, 그 주변의 명소를 구경하고 와도 문제 될 것이 없으니 좋지 않은가.

사람은 누구나 주어진 자리에서 최선을 다하면 된다. 그 자리가 크기도 작기도 하고, 하는 일이 모두 다를 수도 있지만 중요하거나 덜 중요하지도 않다. 다만 시대에 따라 돈을 많이 만들고 적게 만들 수 있고, 일이 바쁘고 한가로울 수는 있지만 어떤 것도 그것만으로 인간의 가치를 매길 수 있는 것도 아니다.

생각에 따라서는 보람이 될 수도 있고 고통이 될 수도 있다. 갑자기 신분이 변해 완장을 찬 머슴의 자리에 올라가도 올챙이 적 신분을 기억하면서 살 수 있도록 현재의 나를 완성해가는 과정을 아름답게 만들어야 한다.

사람은 입장이 바뀌면 달라질 수밖에 없는가 보다. 전쟁 난리통에 경찰관 아저씨가, 주둔군 군인이, 광주사태에서 그 많은 군인이 형제요, 자매이고, 이웃이며, 누군가의 남편이요, 아버지였다. 국민을 무참히 살해하고 암매장하고도 아직 자기 행위를 반성하지 않는 상황이 이를 말해준다. 명령이고 전시라 하더라도 인간이지 않은가? 단 한 분만이 이런 상황에서 명령을 무시하고 소신 있게 올바른 판단을 했다니 존경받아 마땅하다.

우리가 노력하는 것은 승자가 되기 위함이 아니고, 돈을 많이 벌기 위함도 아니다. 지금의 위치에서 내가 할 수 있는 최선을 찾아 행하고자 함이요, 목표와 희망을 품고 현재를 살아가고자 함이어야 한다.

그러나 조던 피터슨(Jordan Bernt Peterson)의 저서 《12가지 인생의 법칙》에 나오는 바닷가재들은 영역 다툼을 하면서 이기는 바닷가재 몸에서 '세로토닌'이라는 물질이 나온다. 그래서 승자 바닷가재들은 집게발이 더 커지고, 자신감에 가득 차 으스대면서 걷는다. 다른 바닷가재들은 집게발이 커진 승자 바닷가재와 다툼을 하기도 전에 미리 도망을 가버린다.

인생을 살면서 작은 분야에서라도 성공을 맛보면 자신감이 높아지고 또 다른 성공을 만들 수 있다는 것이다. 그래서 인생 게임에서 승자의 뇌 구조를 만들어가는 것은 대단히 중요하다는 이론이다. 그렇다면 승리를 만들어가는 방법은 무엇일까?

목표를 달성해가는 과정에서 여러 가지 어려움과 많은 문제가 있겠지만, 핵심은 이러한 어려움과 문제들을 해결하기 위해 공부하고 훈련하고, 누군가의 도움을 받아야 한다는 것이다.

내가 잘하는 분야가 있고 못 하는 분야도 있으며, 콤플렉스도 있을 수 있다.

스스로 이미 잘 알고 있는 이러한 문제점들을 감안해 방향과 목표를 설정하고, 하나씩 부딪혀 격파해야 한다. 결과적으로 본인이 안고 있는 문제들을 하나씩 해결해가면서 작은 성공을 쌓아 승자의 뇌 구조를 만들면 인생이 재밌어지고, 승자가 될 수 있다.

인생이란 긴 터널을 이제 반 지나왔다. 그동안 깨지 못해 힘들었던 과제들을 하나씩 깨고 나가면서 만나게 되는 시련이나 문제를 해결해보는 것이다, 해결하기 위해 집중하고 타개하는 방안을 찾아 나아가면 인생이 재미있어진다.

남에게 인정받을 수 있는 분야에서 승자가 된다면 인생이 배로 즐거워진다. 그러나 이것은 쉬운 일이 아니다. 지금까지 수동적으로 맡겨진 일만 처리하며 살아왔다면 주도적으로 일을 찾아 해결하면서 앞으로 나아간다는 것은 처음 해보는 일이 아닌가? 이런 일들이 한꺼번에 되는 것도 아니다. 그러니 큰 목표를 세우고 작은 목표부터 해결하는 방법을 찾는 것이 중요하다. 하나가 해결되면 조금씩 그 범위를 늘려가는 과정을 즐기면 된다. 시작이 대단히 중요하고, 어려운 것도 사실이다. 그러나 안 되는 것은 아니다.

12

퇴직은 나만의
일이 아니다

내가 태어난 20세기 중반 이후에는 너무나 많은 것들이 급변했다. 20세기 초에는 육체노동자가 전체 노동인구의 90~95%를 차지했었다. 농부, 가정의 하인, 공장 노동자, 광부 그리고 건설 현장의 인부들이 노동인구 대다수였다.

해방과 한국전쟁기를 지나면서 암울하기만 했던 시기를 지나 1960년대까지 평균 수명, 특히 평균 근로 수명이 아주 낮았다. 50대만 되어도 이미 노동인구에서 제외될 정도였다.

최근에는 평균 수명, 특히 지식근로자의 평균 수명은 20세기 초에 예측되었던 것 이상으로 크게 상승했고, 한 직장에서 계속 근무하는 기간도 실질적으로 점점 더 감소했다. 앞으로도 한 직장에서 근무하는 기간은 지속해서 감소할 것으로 예상된다. 고용기관(특히 개인기업)이 성공적으로 성장할 것으로 기대할 수 있는 기간도 짧아지고 있고, 역사적으로 볼 때도 30년 이상 지속해서 번영을 누린 기업은 극소수에 불과했다. 모든 기업이 30년 만에 성장을 멈추고 사라진 것은 아니지만 오래된 기업은 대체로 장기간의 침체기를 겪고 늪에 빠지고는 했다.

오늘날 노동력 집단을 이루고 있는 것은 육체노동자가 아니라 지식근로자들이다. 20세기 초에는 2~3%에 불과했던 지식근로자가 지금은 전체 노동인구 가운데 50~60%를 차지하고 있다. 그 추세는 점점 가속화할 것이다. 이러한 현상은 과거에 경험해보지 못한 것이다. 지식근로자들은 자신이 보유한 지식이 계속 시대의 흐름을 따라 발전해야 하고, 그 자체로 생산 수단을 보유하고 있는 것이다. 따라서 자신이 보유하고 있는 생산 수단을 얼마든지 이동시킬 수 있고, 발전시킬 수 있으며 옮길 수도 있다. 지금까지는 근로자 누구도 스스로 생산 수단이 될 수 없었던 시대에서 이제는 근로자가 자신의 진로를 결정할 수 있는 시대로 변해가고 있다.

이제는 조금만 노력하고, 전문가의 도움을 받으면 스스로 원료를 생산해 제품까지 제조하고 판로를 개척하는 시대로 가고 있다. 20세기 초에서 중반까지는 경영자와 전문가 대부분은 그들의 아들이나 딸이었다. 10% 정도만이 하층계급에서 신분 상승 이동한 사람이었다. 그러나 1960년 이후 공업화가 되고, 교육열이 일어나면서 1970년 들어 경제성장이 가속화되었다. 그러나 종신 고용은 일본 기업의 독자적인 가치에서 시작되어 여러 나라 대기업에서 월급 근로자로 일하는 사람의 대부분이 사실상 종신고용을 보장받아왔고, 우리나라에도 안착되었다. 내가 실무자로 일하던 1980년대만 해도 회사의 성공 요인은 원가절감에 있었다. 그래서 일별, 월별 원 단위를 계산하고, 그 원 단위가 변화하는 원인을 분석해 매일 보고하는 것이 일이었던 시절도 있었다. 그러나 이제는 제품의 원가가 중요한 요소가 아니고 인적자원의 생산성을 높이는 것이 경영의 요점이 된다. 경쟁 우위를 점하기 위한 유일한 방법이 될 것이다. 전통적 생산 요소였던 토지나 노동과 자본은

이제 더 이상 경쟁의 대상이 아니고, 이들을 활용할 수 있는 인적
자원이 중요한 시대로 흘러가고 있다. 육체노동은 상대적으로 중
요한 요소가 아니고, 앞으로는 점점 더 자동화의 물결에 휩쓸려
갈 것이다. 과거에는 인건비가 원가에서 차지하는 비용이 상당히
많이 들었지만, 점점 감소해 10% 이하가 될 날도 멀지 않았다.

고도의 노동집약적 산업이 아니라면 인건비 절약은 경쟁 사회
에서 큰 도움이 되지 않는다.

앞으로 경쟁력은 지식근로자의 생산성에 의존하고, 그들의 능
력에 달려 있다.

지금부터 내가 말하고자 하는 핵심은 직장인이라면 우리 모두
언젠가 퇴직을 할 수밖에 없고, 그 시기가 다소 늦거나 빠를 수는
있어도 충분히 근로 역량이 소진된 뒤에 퇴직할 수는 없다는 사
실이다. 100세 시대를 맞이해 퇴직 후에도 최소한 10여 년은 일
해야 하고, 30여 년은 더 살아가야 한다는 것이다. 퇴직 후 30여
년 동안 지식경제에서 어떻게 살아갈 것이고, 어떤 일을 할 수 있
는지 확실해진다. 지금부터라도 현재 있는 자리에서 어떻게 일하
고, 또 자기 자신을 어떻게 스스로 관리해야 하는지를 생각해봤
으면 한다.

어제도 퇴직한 후배를 만나 앞으로 살아갈 계획에 대해서 식사
를 하면서 대화를 나누었다. 퇴사 후 이미 몇몇 직장을 거친 후 다
시 실업자가 되어 아직도 이곳저곳을 기웃거리고 있다고 했다. 퇴
사 후의 처지와 똑같은 상황이라고 하면서도 계속해 동일한 상황
을 반복할 생각이었다. 얼마간 집에서 아내를 괴롭히다가 다행히
나갈 곳이 생기면 탈출하고 1~2년 이내에 다시 같은 상황을 만드

는 전형적인 퇴직자의 불행을 막기 위해 이 글을 쓰고 있다. 이러한 반복도 나이가 들어가면서 빈둥대는 기간이 점점 길어지다가 결국에는 아예 실업자가 되는 나이가 된다.

　이 책에서 반복해서 권장하는 것은 먼저 내가 좋아하는 것을 찾고, 나의 근로 수명까지 은퇴 걱정 없이 일할 수 있는 분야를 찾아서 준비하는 기간이 길어도 도전하라는 것이다. 대부분의 퇴직자는 자신감을 느끼지 못하고 있다. 퇴사 후에 많은 후배가 안정된 생활만을 고집한다. 평생 직장생활을 했다면 충분히 안정된 생활을 한 것이 아닌가?

　젊어서 고생은 사서도 한다는 이야기가 있지 않은가? 고생하라는 이야기가 아니고 그 고생이 결과적으로 보람과 결실로 맺어진다는 의미일 것이다. 이제 인생 2막을 열려면 다소의 고생을 마다할 이유가 없을 터인데도 많은 퇴사자가 새로운 분야에 대한 두려움과 도전에 대한 공포 같은 것을 가지고 있다. 가장 경계해야 할 것은 못 한다는 두려움이다. 이제라도 그동안 많은 경험과 쌓아온 실력을 믿고 목표를 신중하게 설정해 나아갈 것을 권한다. 단순한 노력만으로, 현재 가지고 있는 나의 노동력으로 앞으로의 인생을 살아갈 생각은 버리는 것이 좋을 것이다. 나의 노동력은 점점 소진될 것이고, 현재 아는 것만으로는 아무것도 할 수 없다.

　앞으로는 내가 원료부터 제품까지 생산할 수 있는 능력을 키우고 충분히 준비한다면 장소도, 자금도, 노동력도 얼마든지 준비되어 있다는 것이다. 아무것도 모르는데 어떻게 하라는 이야기냐고 반문해야 한다. 그나마 가진 돈을 다 털어 넣으라는 의미가 아니다.

경계해야 할 것은 "얼마 되지 않아도 좋으니 용돈 정도만 벌면 된다"라는 안일한 생각으로 취직과 퇴직을 반복하는 것이다. 돈은 인생의 목표도 아니고, 삶의 수단은 더욱 아니다.

퇴직 후 전 세계를 여행하는 친구가 무슨 돈이 그렇게 많냐고 묻는 다른 친구에게 일 년에 2~3번 몇 개국씩 여행하는데 한 번에 1,000만 원 정도 든다면 그 금액이 얼마나 될 것 같냐고 반문했다. 남은 인생에서 몇 년이나 여행을 계속할 수 있을까? 여행하지 않고 국내에서 소일하면서 사용하는 비용보다 얼마나 더 있어야 할까? 모든 사람이 퇴직하고 나름의 삶을 살아가지만, 모두가 행복하지도 그렇다고 불행하지만도 않은 것이 퇴직 후의 삶이다. 나름대로 준비하고 그 계획이 실현되어가는 과정을 즐길 수 있다면 충분하지 않을까?

준비하지 않고 누군가가 불러줄 때마다 달려가고 쫓겨나는 삶을 반복한다면 인생에 무슨 보람이 있겠는가? 이제라도 내 인생의 주인이 되어 지구를 위해, 나라를 위해, 이웃을 위해, 나를 위해 무엇인가를 준비하는 것이 어떨까? 그리고 기회가 된다면 실행으로 옮기는 용기가 필요한 때다.

제**3**장

이제부터 시작이다

무엇부터 시작할까?

　막상 퇴직하고 나면 많은 준비를 했다고 해도 막막하기는 마찬가지다.

　우선은 고용노동부의 실업급여가 지급되니 그나마 당분간은 안심이 된다. 준비한 것이 있다면 바로 착수하면 될 것이다. 그러나 현직에 있는 많은 예비 퇴직자들이 마음으로는 준비하고 있었으면서도 구체적인 계획은 막연하고 추상적인 경우가 많다.

　어제는 평상시 친구처럼 지내는 현직 소방서장에게 전화해 퇴직 후 계획이 있냐고 물어봤더니 월급쟁이의 연장이 될 것이라고 이야기한다. 얼마 안 가 다시 퇴직자가 될 것인데 그때도 월급쟁이 연장이 가능할 것인지 물었다. 대답이 없다. 퇴직 후 2~3년 월급쟁이 연장이 100세 시대에 큰 의미가 없다고 조언했다. 자연인이 되던 귀농을 하든 귀어를 하든 새로운 이모작을 시작하든 한 살이라도 어리고(?) 건강할 때 나서야 한다. 그래도 연락이 되는 친구들과 아는 사람들이 현직에 있을 때 시작하는 것이 좋다. 나는 53세에 이모작을 시작했다. 지금 생각해보면 현재 퇴직자들보다 한참 빠르기는 하지만 많이 늦었다. 일이 정착되고 자리를 잡으니 아는 친구들이 모두 퇴직을 준비하고, 안정되니 이제는 은퇴할 나이가 되었다.

무엇부터 시작할까를 고민하지 말고 하고 싶은 일, 시간이 나면 꼭 해보고 싶은 일부터 먼저 결정하는 것이 좋다. 가장 조심할 것은 평소 잘 알지 못했던 사람의 의도적인 접근과 달콤한 제안은 경계해야 한다.

누군가가 나에게 어떤 제안을 하는 것은 취업도, 동업도, 투자도 나를 위하는 경우보다 자신의 이익을 위하는 경우가 대부분이다. 더욱이 기대나 같은 업계의 예상 수익률을 뛰어넘는 많은 이익률이나, 대박이 난다고 하는 제안은 특히 조심해야 한다. 그런 일이나 프로젝트가 별로 연관이 없는 나에게 올 리가 없기 때문이다.

웃는 소리로 퇴직자의 퇴직금 정보를 알려주면 선수금으로 10%를 먼저 지급한다고 해서, 또는 창업하라니까 막연히 아무런 준비도 없이 시작하면 안 된다.

실직 수당을 수령하면서 노인 일자리나 알아보는 편이 훨씬 더 즐거운 노후를 보낼 수 있다.

내가 좋아하고 그동안 계속 해왔던 일이 아닌 완전히 새로운 분야는 권장할 만하지 않고, 기존 전문가들이 많으니 그분들의 충분하고 헌신적인 도움을 받을 수 있는 경우가 아니라면 검토 대상에서 제외하는 것이 좋다.

나는 짧은 기간이지만 관심 분야 책과 1인 기업 책을 주로 읽으면서 평상시 친하지는 않았어도 잘 알고 지내던 분 중 퇴직 후 나름대로 여유를 가지고 잘 지낸다는 분들을 찾아 많은 조언을 들었다.

조언을 구할 때는 주의할 점이 몇 가지 있다. 조언자를 믿어야 한다. 조언을 듣고 내 생각대로 하려면 아예 조언을 듣지 않는 것이 좋다. 조언자도 나도 시간만 낭비하는 꼴이다.

조언은 한마디도 놓쳐서는 안 된다. 나름대로 실패와 성공의 노하우가 담긴 조언이기 때문에 모두가 중요한 내용이다. 얼마 전 흉기로 살해 협박을 받고 있다는 신고 전화를 받고 코드 제로(Code Zero)가 발령되어 경찰 20명이 출동했는데 그 장소를 찾는 데 50분이나 걸렸다고 한다. 이미 40대 여성 신고자가 사망한 뒤였다. 신고할 때 주소나 위치는 분명하지 않았지만, 가해자의 이름과 신고자 전화번호가 있었는데 신고자 전화번호만 가지고 찾다가 전화기가 꺼져 있어 그 집 주위를 50분이나 배회한 것이다.

다시 신고내용을 들어보니 집주인인 가해자 이름이 또렷하게 남아 있고 바로 집을 찾을 수 있었다고 한다.

경험자의 한마디, 한마디가 앞으로 내가 만들어갈 인생 이모작의 안내가 되고 지침이 될 것이다. 한마디도 놓치지 말고 잘 기록하고 필요할 때마다 참고하는 것이 중요하다. 내가 아는 친구는 자주 조언을 구해 오지만 결과적으로는 자기가 미리 결정한 대로 한다. 이런 친구는 사람도 잃고 오류도 범하는 경우다. 내가 결정할 수 있는 경우라면 조언을 구하지 말고 조언을 구한다면 수긍하고 받아들여야 한다.

바둑도 급수에 상관없이 특정한 상황에서는 관전자가 한두 수 정도 더 잘 보이는 경우가 있다. 내가 가고자 하는 분야에서 성공한 사람 몇 분에게 조언을 구한다면 아낌없이 알려줄 것이고 이는 성공으로 가는 지름길이 될 것이기 때문이다. 조심할 것은 내가 듣고 싶은 이야기만 들으면 안 된다는 것이다.

내가 알고 이해가 되는 부분은 물론이고 이해가 가지 않거나 긍정하기 어려운 부분은 그 이유와 경험담을 충분히 듣고 이해가 될 때까지 물어서 내 것으로 소화하는 것이 필요하다. 그래야 내 것이 되고 같은 실수를 반복하지 않을 것이기 때문이다.

이모작을 시작하는 나에게 실수는 돌이킬 수 없는 파산일 수 있다.

조언자 모두가 옳은 정답만 이야기하는 것은 아니다. 본인이 듣고 보고 경험한 범위 내에서는 맞는 말일 수 있다. 하지만 조언자의 능력 범위 내에서만 정당한 의견이라고 생각하고 여러분들의 의견을 종합하자. 그중에서 내가 수긍할 수 있는 결과를 도출해내야 한다.

어느 정도 방향이 설정되면 그동안 만났던 조언자 중에서 가장 믿을 만한 분을 찾아뵙자. 내가 정한 방향과 그 이유에 대해 설명해드리고 그 결정이 옳은지 또 한 번 확인해보자. 앞으로 계속해 도움을 받을 수 있는 멘토 역할을 부탁하라.

개략적인 방향이 설정되면 이제부터 시작이다. 시작이 반이라지만 본격적으로 조사하고 준비하는 과정이 쉽지는 않다. 사업계획이 작성되면 앞으로 나아가면 된다. 모든 과정을 점점 구체화하면서 여러 가지 문제가 도출되고 하나씩 제거하면서 확정해야 한다. 공장을 건설하려면 가장 먼저 제품생산 프로세스를 정하고 원가계산을 미리 해 경쟁력을 비교하고, 경쟁력이 확인되면 공정 기술을 도입하기 위한 로열티(Royalty) 협의, 투자비 산출 및 자금투입계획, 부지확보, 설계, 구매, 건설(EPC, Engineering, Procurement, Construction)업체, 인허가 문제 등 다양한 사항들을 단계적으로 확인하면서 한 걸음씩 앞으로 나아가면 된다.

이 과정에서 경험자의 조언과 해당 전문가들의 의견을 많이 들어야 실수가 줄어든다. 찬성하는 사람도 중요하지만 반대하는 사람의 의견은 더 중요하다. 막연히 반대하는 경우는 모르겠지만 나름대로 그 이유가 있다면 그 사람을 납득시킬 수 있도록 나를 무장시켜야 한다. 그 정도도 할 수 없거나 못한다면 추진을 중단해야 한다.

그리고 다시 처음부터 시작해 충분히 나를 먼저 납득시키고, 반대자를 설득시키는 것은 그 다음 문제다. 주변에서 모두가 도와주어도 성공이 어려운데 반대하시는 분이 있다면 그 사업은 성공을 담보할 수 없기 때문이다. 특히 이모작은 부부가 합심해 진행하는 것이 중요하다. 그동안 모은 자산이 어느 한 사람의 자산이 아니기 때문에 합의하는 과정을 거칠 것을 권한다. 합의가 성사되지 않으면 과감하게 다른 분야를 알아보는 것도 방법이다.

시작단계에서 시행착오는 몇 번을 거쳐도 자금 손실 같은 큰 문제가 발생하지는 않는다.

혼자서 결정해 너무 앞서 나가버리는 경우가 아니라면 말이다. 본인이 조사한 현실에 대해서 서로 솔직하고, 숨김없이 사전에 많은 대화를 하자. 공감대를 형성하고 의기투합해 진행한다면 앞으로 노후가 편안할 것이다.

창업 준비 잘되십니까?

이제 예비퇴직자이든 퇴직자이든 확실한 것은 재취업을 하거나 이모작을 시작해야 한다. 그것이 창업이든 노후를 살아갈 삶의 터전을 마련하는 작업이든 마찬가지다.

직장생활을 연장해서 재취업을 할 수도 있다. 간부나 임원일 경우는 길어야 5년, 몸으로 하는 기능직 노동자의 경우에는 10년 정도 급여를 받는 직장인으로 연장해 살 수 있지만, 그 후에는 다시 이모작을 시작해야 한다.

100세 시대를 맞아 2035년이 되면 65세 이상 세대와 그 이하 세대의 인구비가 같아진다니 30년을 놀면서 살 수는 없지 않겠는가?

《부자 아빠 가난한 아빠》에서 말하듯이 직장인은 가난한 아빠의 대명사이고 수입과 지출이 항상 일치하는 상황이니 부자일 수가 없다. 수입이 많았어도 수입과 지출이 균형을 이루고 있는 경우가 많아 퇴직하면 수입은 없어지고 지출은 그대로 남아 있는 상황이 된다. 퇴직 후 일정 기간이 지나면 당연히 수입에 맞추어 지출도 줄어지겠지만 이런 과정이 상당히 고통스럽다.

우리나라 자영업자는 2019년 6월 기준 약 685만 명 정도이고, 임금근로자는 2,055만 명 정도로 전 국민의 약 40%를 차지한다. 퇴직한 임금근로자 상당수는 자영업을 고민할 것이지만 직원이 있는 사장 중 상당수는 코로나19로 인해 1인 사장으로 전환되어 가고 있다.

창업하려면 자기 자신은 물론 집사람과 성장한 자녀들과도 사전에 충분히 협의해 객관화해야 한다.

- 감정에 치우치지 말아야 한다(어떤 하나에 생각이 치우치면 올바른 판단에 실패한다).
- 담담하게 협상 장소를 떠날 수 있어야 한다.
- 협상을 강제적으로 이끌어가지 말라.
- 계속 연구하라.
- 그리고 연습, 연습, 또 연습하라.
- 편안하고 자신감 있게 원하는 것을 요구할 수 있어야 한다.
- 절실하다는 속내를 보이지 마라.
- 상대가 납득할 때까지 설득하고 또 설득하라.

창업 준비가 되어 간다면 불만스러운 고객을 대하는 방법을 알아야 한다.

- 문제를 이해한다(기술적 문제, 감정적 문제, 해결 방법 등).
- 고객의 말에 귀를 기울이고, 본질적 문제를 찾아내라(고객이 울분을 토하도록 경청하는 자세는 평화적 문제해결에 가장 중요한

기본이다).

- 해결책을 모색하라(문제파악 → 상대의 요구 판단 → 쌍방이 만족스러운 해결책 제시, 문제의 원인이 나에게 있다면 비즈니스 개선기회로 충분히 감사해야 한다).
- 해결책 실행(해결책 실행 성과 기준과 기한 합의-필요하면 외부인의 도움을 받아 문제해결) : 고객에게 큰 신뢰감을 주어 비즈니스를 소중하게 생각하고 끝까지 책임진다는 성실한 자세를 보여주고, 실행과정을 수시로 고객에게 알려준다.
- 후속 조치 및 피드백(Feedback) : 고객에게 문제해결 만족도 확인, 결과/만족도 검토/확인, 새로운 방법과 절차를 마련한다.

이제 준비가 되었다면 서두를 필요는 없다. 준비를 많이 할수록 성공 가능성은 커진다.

고수를 만나야 고수가 될 수 있다. 성공한 사람에게 배워야 성공할 수 있다. 해보지 않은 사람에게 일반적인 조언을 듣는 시기도 아니다. 특히 전혀 경험이 없는 사람의 쓸데없는 걱정은 귀담아들을 필요가 없다. 나도 처음에는 사업을 한다는 소식을 듣고, 아무것도 모르는 동료와 직장만 다니던 사람이 사업을 하면 있는 돈도 다 까먹고 무조건 망한다고….

심지어는 누구 아빠는 망했다고 소문을 내고 다닌다고 들었다.

지금 그 사람은 시골 동네 아파트에서 살면서 텃밭을 가꾼다고 한다. 국민연금과 약간의 은행이자로 부인에게 생활비로 매달 120만 원을 준다니 이것이 우리네 현실이다.

이제는 내가 하고 싶은 분야 실무에 능통한 사람을 나의 멘토로 삼아 열심히 실습하고, 경영을 배우고 성공하는 길을 닦아 나가는 것이다. 이 과정을 생략하면 공든 탑이 아니라 사상누각(沙上樓閣)이 될 수도 있다. 젊은이 창업과 다른 부분이다. 젊은 세대라면 용기를 가지고 도전해보는 것이 가능할 수 있고 젊은이는 실패하면 힘들고 고통스러운 것은 유사할지 몰라도 그 경험이 또 다른 자본이 되고 성공의 밑천으로 삼을 수도 있다. 젊어서 고생은 사서도 한다고, 젊음이 있다면 일단 해보고 실패하면 실패를 자산으로 다시 시작할 수 있지만 이모작 인생의 실패와 고생은 평생 모아둔 노후가 무너지기 때문이다.

무작정 세무서에 가서 사업자등록증을 만들면 창업은 언제라도 누구나 할 수 있다. 중요한 것은 무지갯빛 꿈을 꾸고 창업하는 나이는 아니라는 것이다. 퇴직자는 실패할 여력이 없다. 그리고 실패를 거울삼아 일어나는 근력도 많이 부족하다. 준비해가면서 부족한 부분이 있으면 충분히 보충하는 노력을 해야 한다는 이야기다.

가장 중요한 부분이 방향 설정이다. 무조건 막연하게 하나의 방향을 설정해놓고 진행하는 오류를 범하지 말라는 것이다. 큰 방향을 설정하고, 세분화된 방향을 찾아 나서는 과정을 진행하다가 방향이 잘못되었다고 판단이 서면 언제라도 되돌아설 마음의 준비가 되어 있어야 한다.

마음은 조급하고, 아무 일도 하지 않는 현실에서 탈피하고 싶은 마음이야 모르는 바가 아니지만, 앞으로 최소한 15년에서 20년을 해야 할 일이다. 아니 나는 시작한 지가 엊그제 같은데 벌써 20년을 넘기고 아직도 쉽게 그만둘 수 있을 것 같지가 않다.

시작이 잘못되면 좋은 결과를 맺을 수 없고, 쉽게 다른 일로 바꾸기도 쉽지는 않다. 처음에 잘못해 사과나무를 심었다면 중간에 수종을 바꾸기는 대단히 어렵고 바꾼다면 다시 5년 이상의 세월을 기다려야 하는 상황이 발생한다. 현실적으로 불가능하고 실패로 연결될 수도 있다.

그래서 한꺼번에 크게 시작하지 말고, 실패해도 최소한의 노후는 살아갈 수 있도록 내가 가진 능력 일부만 사용해 감당할 수 있을 정도로 시작하는 것도 권장할 만하다.

자신이 없으면 소자본으로 시작할 수 있는 아이템을 찾아보면 된다. 집안에 누구누구가 성공한 아이템도 좋고, 과거 현직에서 만났던 거래처 사장님과 상의해도 좋다. 사업하는 사람의 눈에는 보이는데 역량(자본, 능력, 믿을 만한 사람, 거래처 등)이 모자라서 선뜻 나서지 못하는 사업 아이템이 얼마든지 있을 수 있다. 속으로만 끙끙대지 말고 가만이(가서, 만나서, 이야기)를 실천하면 길이 열리고 희미하나마 방향이 잡히기 시작하면 무엇인가 할 일이 생기고, 인생이 점점 활기차고 흥미로워질 것이다.

무엇을 준비했는가?

직장을 떠나면 무엇을 할까? 고민을 해보지 않은 사람은 없을 것이다. 직장 5년 차부터 많은 직장인이 독립할 생각을 한다. 그러나 실제로 구체적인 준비를 하는 사람은 많지 않다. 막연히 생각만 하고 희망사항으로 간직할 뿐이다. 때가 되면 나오는 월급이라는 사슬에 묶여 하루하루 살다 보면 나이는 들고 시간이 흘러 어느 날 갑자기 퇴직이 눈앞에 와 있다.

우리 자식들은 주변에서 보고 배우는 것이 많아 그런지 가르쳐주지 않아도 벌써 퇴직 후를 대비한다. 형제, 자매들 간에 경쟁이라도 하듯 빨리 시작하더니 초등학교 다니는 손자들도 장기 주식 투자를 한다고 통장을 만들었다. 내 생일에 어린 손자 놈이 축하 쪽지를 주는데 축하한다는 메시지 말미에 용돈을 주시면 주식에 투자하겠다고 한다. 성인이 되면 돈 많이 벌겠다고 써서 주니 그 뜻이 가상하다. 먹고 싶은 과자나 갖고 싶은 장난감이 아닌 주식투자에 대한 의미를 누가 제대로 설명해주었는지 모르겠다. 하기는 요새 어린이들을 위한 경제서도 많이 출간되어 책을 많이 읽고 배운 것인지도 모르겠다. 나는 대학 졸업 후, 전공하고 상관없는 수출입을 하는 종합상사 면접에서 처음으로 '상장회사'라는 문제를 받고 대답하지 못한 쓰라린 기억이 생각난다.

이제 나는 무엇을 준비할까? 직장생활하면서 퇴직 후를 준비한다는 것은 쉬운 일이 아니고 그렇게 하는 직장인도 많지 않다. 최근에 젊은이들은 주변에서 많이 하니까 틈틈이 나름대로 주식이나 부동산 투자, 경매도 하는 사람이 늘어난 것 같기는 하다. 하지만 최근에 퇴직을 앞에 두고 있는 직장인들은 청춘을 바쳐 직장에 올인한 경우가 대부분이었다.

내 주변에서 안정된 직장인이 퇴직 후를 준비하는 경우는 거의 없다. 어쩌다 부인이 나서 부업을 시작해 성공한 경우는 있지만, 이는 부인의 영역이다. 자녀가 성장해 학원 같은 사업을 하다 성공하면 퇴직 후 그곳에서 운전과 관리를 하는 경우도 있다.

지금이라도 내가 오늘 하는 일이 있다면 최선을 다해야 한다. 오늘 하는 일에 최선을 다한다는 것은 달인이 되는 길이고 그것이 재미있다면 충분하다. 고등학생이 축구 관련 책을 쓰고, 중학생이 중고 요트를 사서 세계일주를 꿈꾼다면 이보다 좋은 인생은 없지 않겠나.

하지만 국어 시간에 미술을 공부하고, 과학 시간에 산수를 공부하는 것은 좋은 방법이 아니다. 지금 하는 일을 공부하고 성과를 올리는 것이 우선이다. 그 일에 흥미를 느낀다면 가장 바람직하다. 그와 관련된 분야에서 무엇인가를 준비할 수 있다면 남보다 앞설 수 있는 지름길이 될 것이다. 휴일과 여유시간을 활용해 내가 좋아하는 무엇인가를 찾았다면, 그 일에 매진하는 것도 좋다.

좋아하는 것과 그것을 일로 할 때는 다를 수 있다는 것도 설명했다. 즐기면서 하는 것과 일로써 하는 것은 완전히 다른 영역일 수 있다는 것도 알아야 한다. 즐기면서 하는 것은 하기 싫으면 안 해도 되지만 일은 계속 열심히 해야 하고 하기 싫어도 해야만 한다는 것이다. 즐기는 것은 대충해도 충분하고, 잘하지 못해도 되며 결과가 좋지 않아도 아무 문제가 되지 않는다. 일은 계속해서 최고의 성과를 달성하지 않으면 문제가 발생하고, 이런 상황이 지속되면 경쟁에서 밀려 결국은 망한다.

즐기는 것은 수준이 낮아도 내가 즐겁고 몰입할 수 있으면 아무런 문제가 없다. 일은 자타가 인정하고 남을 지도할 정도로 전문화되어야 하고, 이익을 실현할 수 있어야 가능하다는 것이다.

이제라도 어떤 한 분야를 정해 매진해보면 어떨까? 그 분야가 현재 다니는 직장에서 하는 일과 같으면 좋겠지만, 그렇지 않은 다른 분야여도 아무런 문제가 없다. 준비가 되어 있지 않았다면 나를 객관화해 준비를 시작하면 된다. 사업이 적성에 맞지 않는다고 생각한다면 특수한 자격을 취득해 직장생활을 계속하거나 직장생활과 유사한 안정된 사업도 권장할 만하다.

가능하면 오랫동안 할 수 있는 분야라면 더 좋다. 그래서 내가 관심이 있고 좋아하는 분야에서 인생 이모작을 먼저 시작한 선배 중 행복을 찾은 사람이나 성공한 사람들을 찾아가 어떤 준비가 필요한지 충분히 자문을 받아 시작할 것을 권한다. 그렇다고 일만 하라는 것도 아니다. 나름대로 즐겁고 만족을 얻을 수 있다면 그 길은 넓고도 많다.

서울에서 전자제품 판매를 하던 상인이 과감하게 사업을 접고,

20년 전에 귀농했다. 버려진 산을 구입하고, 장기 임대해 산양삼을 뿌리고 더덕을 심어 억대의 수입을 올리고 있다. 이 밖에도 열대과일을 심어 성공한 부자 농부, 버섯을 연구해 성공한 퇴임 교수, 곶감을 만들어 부자 농부가 된 전 공무원 등도 있다. 본인이 좋아하고, 할 수 있는 일은 수도 없이 많다. 그동안 쌓아온 노하우가 없는 퇴직자들이 실패와 고생을 많이 한 후에 성공을 한 경우가 많으니 이들의 경험을 내 것으로 만들고 준비를 많이 해 실패를 줄여야 한다.

돈을 더 벌지 않아도 충분해서 퇴직 후 세계 80여 개국을 여행하며 10여 년째 즐기는 친구도 있다.

내가 친했던 전 농협 지점장은 고향 언덕배기 비탈진 감나무밭을 사서 노후를 여유 있게 즐기려 했는데 모든 일이 중노동이라고 했다. 여유시간도 즐길 여유도 없이 골병만 남았다고 하소연하는 것을 듣고 안타까운 마음이었다.

한 친구는 개인사업을 끝내고 건물을 사서 상당한 월세를 받아 여유로운 삶을 살았다. TV에서 맛집이라도 나오면 부인과 같이 바로 1박 2일이나 2박 3일로 길을 나서 평생 한 번도 해보지 못했던 낚시도 즐기고 섬여행도 같이 다녔다. 어느 날 대출금 문제로 부인과 싸우고는 건물을 처분해 차입금을 상환하고, 매매한 돈 일부는 땅을 구입하고, 일부는 자녀들에게 주었다. 본인 부부는 지리산 피아골로 들어가 한옥을 짓고 그곳에 눌러앉은 지 벌써 6~7년이 되어 간다. 자연인도 아니고 적성에도 맞지 않는 눈치다. 내가 그 근처를 지날 때마다 정육점에 들려 몇 가지 준비를 한 후 방문해 이런저런 대화를 나누며 놀다 오는데 근래에는 수입도 없고 부인이 아파 병원도 멀고 이러지도 저러지도 못하는 안타까운 상황이다.

현재 어떤 자리에서라도 하는 일이 있다면 머슴으로서 그 일을 하지 말고 주인으로서 열심히 하라. 그 일로 돈을 만드는 방법이 보인다면 힘도 덜 들 것이다. 먼 곳에서 방법을 찾는 것보다 가까운 곳에서 길을 찾아보는 것도 한 방법이 될 것이다. 오늘을 열심히 사는 것도 나를 위한 준비가 아니겠는가?

아무런 준비 없이 길을 나서는 방랑자가 되지 말고 TV에 나오는 맛집이라도 찾아가야 좋은 음식도 먹고 즐거운 여행도 될 것이다.

산다는 것이 꼭 성공해야 하는 것도 아니고, 돈을 많이 벌어야 하는 것도 아니다. 갈 곳을 정하고 길을 나서는 나그네처럼 여행 목적지를 정하고 일정을 계획해 하나씩 준비해가는 과정 자체도 즐거운 것이고, 가는 길목마다 새로운 것을 만나 배우고 즐기는 것도 인생이 아니겠는가. 내가 잘하는 것도 대단히 중요하지만 내가 어쩔 수 없는 시대 상황을 이용하는 것도 중요하다.

거제도에 가면 외도라는 섬이 있다. 거제도 해금강 관광지 주변에 있는 조그만 섬이다. 낚시꾼으로 그 섬에 내렸던 서울 사람이 갯바위에서 낚시 중에 별안간 비가 많이 와서 할 수 없이 섬에 올라 불이 켜진 민가에 들어가 무작정 하룻밤 머물 것을 부탁했다. 그 집에 방이 하나밖에 없어 밤새워 대화를 나누다가 집주인의 신세 한탄을 들으면서 위로한다고 매입 제안을 했다가 그 집을 사게 된 일화는 유명하다. 결국은 그 섬에 있는 가옥을 전부 사게 되어 닭도 키우고 돼지도 키웠는데, 그때마다 조류인플루엔자가 오고 돼지 열병이 와서 모두 실패했다고 한다. 부인이 조경에 취미가 있어 꾸미기 시작해 지금과 같은 관광지를 만들어 입장 수입으로 성공했다니 인생사 새옹지마가 아니겠는가? 계획한 대로 모든 것이 이루어지는 것도 아니고 노력한다고 그 결과가 반드시 좋은 것도 아니다. 그러나 최선을 다하고 그 과정을 즐기는 것도 우리의 삶이 아니겠는가.

성공할 수 있을까?

　사업을 시작하면서 미리 성공할 수 있을지를 걱정한다면 처음부터 다시 준비해야 한다. 성공에 대한 확신이 없다면 준비가 전혀 되어 있지 않는다는 것이다. 막연히 식당이라도, 피시방이라도 한번 해봐야겠다, 하다보면 잘되겠지 생각한다면 그 사업은 성공할 가능성이 없다.

　어제는 지역 영농회 회장을 만나 식사를 하면서 이야기하는 중에 우리나라에서 아로니아 농사가 잘 안 된다고 하는데 이미 그 사업이 사양길이냐고 물었다. 자기는 블루베리 농사를 하는데, 대부분의 블루베리 농장을 하는 분들이 묘목상에서 추천하는 블루베리 묘목을 추천받아 심고 사업을 한다면서 잘 되는 것이 이상하다는 것이다.

　블루베리는 종류가 130여 종이 되는 데 모두가 비슷한 듯하지만, 맛이 약간씩 다르고 수확 시기도 다르고 토질에 따라 생육 특성도 다르며 복용방법도 달라 생산되는 제품가격도 천차만별이라고 한다. 그중 하나를 심어 성공하기를 바란다면 쉽지 않다고 한다.

우리나라는 같은 시기에 동일한 묘목을 집중적으로 심는 경향이 있어 잘된다고 소문이 나면 얼마 되지 않아 가격이 폭락해 인건비 맞추기도 어려운 경우가 발생한다는 것이다.

영농회장은 국내에 수입된 블루베리 130여 종을 모두 심어 그 특성을 파악하고, 종류별로 현재 토양과 지역에 잘 적응해 생장이 좋고 가격도 가장 많이 받을 수 있는 종류로 극 조생종, 조생종, 일반종, 만생종, 극 만생종을 순차적으로 식재 배열했다. 1년에 5개월 정도 수확하니 일손도 바쁘지 않고 특히 학생들의 체험학습을 이용해 수확할 수도 있다. 남이 생산하지 않는 시기에 출하해 가격도 높게 받고 출하도 계속할 수 있어 거래처도 안정되었다. 근래에는 공급이 많이 부족해 차츰 경작면적을 늘릴까 생각한다고 했다.

100평 정도의 비닐하우스에서 1,500만 원/년 정도의 수확을 얻을 수 있다니 공감할 수 있는 부분이 많았다. 초기 투자비인 비닐하우스 설치비용을 물었더니 약간의 기술만 있으면 설치 후 방치되어 있는 농촌의 비닐하우스 시설을 고철 가격만 주고 철거해 이설해오는 비용만 든다고 한다. 투자비를 대폭 줄일 수 있어 수익률을 크게 높이는 방법이기도 하단다.

전문가와 짧은 대화를 나누면서 모두를 이해할 수는 없었지만, 이 정도면 땅만 있고 내가 할 수만 있다면 초기 투자비가 많지 않아도 되고 열정이 있고 준비만 잘한다면 성공할 수 있겠다는 확신하고 시작할 수는 있겠구나 하는 생각이 들었다.

물론 내가 땅이 있다고 지금 시작할 수는 없겠지만 방향만 설정된다면 영농회장이 그 기술을 숨기지도 않을 것이고 오히려 공급이 부족하다니 판로까지도 도움을 받을 수 있을 것이라는 생각이 들었다. 꼭 동일 품종이 아니라도 130여 품종 중에 내가 배우고 연구하고 조사하고 경험하는 준비 기간을 갖는다면 성공이 보일 수도 있을 듯하다.

내가 좋아하고 해보고 싶은 분야라면 직접 현실 속으로 들어가서 몸으로 부딪치고, 이론적으로 공부하고, 성공한 분들의 도움을 처음부터 끝까지 지속해서 받아 작게 시작해 성공을 확신할 수 있는 단계에 이르러 본격적으로 시작하는 것도 바람직할 것이다.

어떤 분야라도 전문가는 있고, 실패와 성공을 반복해본 경험 있는 분들이 있다. 어제 짧은 시간 동안 이야기를 들으면서 이분은 고생도 많이 했고, 연구도 많이 해서 지금은 달인의 경지에 다다랐구나 하는 생각이 계속해서 들었고, 이렇게 하면 되겠구나 싶었다.

옛날 어느 봄날 친구들과 여행을 하며 묘목 시장 근처를 지나다가 아무런 준비 없이 아로니아가 좋다고 해 한 뿌리에 만 원씩 주고 5~6뿌리를 구매해 매년 우리 부부가 먹기에는 충분한 양이라고 생각하고, 밭에 심어놓았다. 관리하는 방법을 몰라 내버려두었더니 벌레만 잔뜩 끼어 폐기한 경험이 생각이 나서 묘목가게만 지나면 지금도 나의 무지가 다시 떠오르고는 한다.

사업을 해오면서 하고 싶은 일은 많지만 믿고 맡길 사람은 없고, 내가 직접 하자니 감당이 어려운 부분들이 있다. 누군가는 이 일을 현실화해 사업으로 이어가고 성공하는 것을 보면서 어느 회장님의 '할 일은 많고 세계는 넓다'라는 말씀에 공감한다. 직원을 구하면서 이력서를 제출하는 사람은 많고 특성이 없는 자기소개서를 읽으면서 시간 낭비를 했던 기억이 떠오른다. 나도 대학에서 강의를 오래 했지만, 전공 분야 강의를 했지 이런 실제적인 이야기를 해주지 못했던 안타까움을 이제야 알게 되었다. 남들이 모두

하는 무난한 일을 찾아 나선다면 그만큼 편안하고, 시작은 쉬울 수 있겠지만, 경쟁이 치열해 성공은 그만큼 어려울 것이다.

자기만의 영역을 구축해 열정을 갖고 멘토를 정해 처음부터 새롭게 출발한다면 힘들고 어렵고, 많은 시간이 소요되겠지만 본인의 적성에 맞는 길만 찾는다면 보람도 있고, 여러 사람에게 많은 도움도 줄 수 있지 않겠는가?

영농회장도 처음에는 도시에 나가 직장생활을 하다 부모님이 물려주신 땅을 맡아 이것저것 많이도 실패하고 지금에 이르렀다고 한다. 처음부터 모두가 잘할 수 없고 고생 없이 좋은 결실을 바라는 것은 도둑놈 심보가 아니겠는가. 이렇게 많은 고생을 한 사람들은 처음 시작하는 사람의 고충도 자기 것처럼 느끼고 진심으로 배우고자 다가오는 사람에게 무엇을 숨기겠는가.

어느 날 오색 칼국수 집에서 식사했다. 메뉴판 상단에 "오색 칼국수 비법을 무료로 전수해드립니다"라고 조그맣게 써 놓은 부분을 발견하고 나와는 전혀 상관없는 부분이지만 주인 부부의 마음 씀씀이에 그냥 감사했다. 평상시에는 고객이 줄을 선다는 이 칼국수 집이 오색 칼국수를 개발해 손님이 줄을 설 때까지 얼마나 많은 고생을 했을지 짐작이 갔다. 그 고마움을 본인들이 처음 시작했을 때의 막막함에 처해 있을 또 다른 누군가의 지금을 위로하고자 하는 진심이 마음에 와닿아 그 부부와 홀에서 혼자 심부름을 하는 그 아들까지 존경스러워 보였다.

우리 주변에는 이런 고생과 보람을 갖고 살아가는 많은 달인이 있고 실패를 경험하고도 결국은 극복해 성공한 사람들의 미담이 넘쳐나는데 너무 쉽게 무엇인가를 이루려고 하는 것은 아닌지 다시 생각해본다.

처음 나서는 길은 두렵고 성공을 담보할 수 없는 길일 수 있다. 하지만 도전해보고, 경험해보며, 목적지에 도달하는 노력을 계속해 성과를 만들자. 그 길을 안내해줄 수 있는 길잡이를 찾아 배우고, 이미 그 길을 가 본 경험이 있는 분이 써놓은 책을 통해 실패와 성공 비법을 내 것으로 만들 수 있다면 어렴풋이나마 그 길의 끝이 보이기 시작할 것이다.

성공이 보이기 시작하고, 성공에 대한 확신이 선다면 이제 준비가 되어가는 것이다. 성공 여부를 걱정하기보다는 성공할 수 있다는 확신을 얻기 위해 이제라도 내가 가야 할 방향을 정하고 그 길로 나서야 한다. 망설일 시간도 없다. 아직도 살아가야 할 시간은 많고 해야 할 일도 너무 많으니까.

아직도 성공할 수 있을지를 고민하고 있다면 아무런 준비도 되어 있지 않은 것이다.

고민하고 걱정할 시간에 준비하면 된다. 신발을 신고 가까운 책방에 가서 내가 하고 싶은 일과 관련된 서적이 있는가 찾아봐라. 목차를 보고 읽어 볼 가치가 있는 책을 모두 구입해 독파하면 길이 보이기 시작할 것이니 그 길을 따라가면 목적지가 희미하게 보일 것이다.

목적지가 정해지면 하나씩 준비해 나아가면 된다. 빨리 갈려고 하지도, 너무 많은 것을 한꺼번에 얻으려고도 하지 마라. 건강이 허락한다면 평생 즐길 수 있지 않겠는가.

05

나는 언제까지
일해야 할까?

　돈은 다다익선(多多益善)이라지만 살다보면 전부가 아님을 알게 된다. 가난한 아빠의 대명사인 직장인은 노후를 즐기기에 금전적으로는 충분하지 않아 퇴직 후에도 무슨 일인가를 할 수 없다면 빈곤을 면하기 어렵다.

　통계상으로 노인 절대적 빈곤층은 근래에 32.6%로 매우 높은 수준이다. OECD에서 적용하고 있는 상대적 빈곤율은 현재 43.4% 정도로 나타났다. 최근에 은퇴하는 세대는 경쟁적으로 자식들을 열심히 키워왔던 분들로 노후 준비가 충분하지 않다고 통계상으로 나와 있고 회사에서 퇴직하면 급격하게 수입이 줄어들면서 모아둔 자금이 부족한 경우 심각한 빈곤을 겪게 된다.

　나와 같은 과에서 계장으로 근무했던 나이 많은 동료가 회사를 은퇴하고, 평생 일해왔던 현장 안전관리자로 여러 건설 프로젝트 현장을 돌아다니며 15년여를 열심히 일했다. 그러더니 나이가 들어 일자리를 구하지 못하자 준비 없이 생활비가 끊겼나보다. 나이가 70세가 넘었는데 전혀 준비하지 않고 건강하니 계속 일할 수 있을 것으로 믿었을까?

사택에서 함께 살며 허물이 없는 사이로 지냈는데, 딸들은 잘 몰라도 아들은 어려서 속을 많이 썩이고 공부를 하지 않던 아이였다. 커서는 수완이 좋아 무선전화기가 출시되던 초기에 가게를 차려 회사에 납품하면서 많은 부를 축적했다. 지금은 중소기업을 크게 운영하고 있다. 아들도 사업이 안정되어 잘 돌아가고 있고, 고향에는 시내 중심지에 모친이 사시던 큰 집도 있고 전답과 임야도 있어 형편이 어려운 것은 아니지만, 당장 수중에 현금이 없을 뿐이다.

어느 날 내 사무실에 찾아와 점심을 대접하고, 평상시처럼 바둑 한 수하고 나서는 아들에게 용돈 좀 주도록 이야기해주라는 부탁을 남기고 자리를 떴다.

다음 날 아들을 불러 아버지가 실업 상태이니 생활비를 드리라고 이야기했더니 얼마 전에 용돈을 드렸다고 한다. 부자간에만 아는 내용이라 돌려보내고 다시 전화해서 아들이 얼마 전에 용돈을 드렸다고 무슨 말이냐고 물었다. 3개월 전에 아들이 100만 원을 주어서 받았다고 한다. 생각의 차이가 커서 이 문제는 간단히 해결할 수 없으니 소유하고 있는 부동산을 처분해 매달 현금이 들어오는 물건으로 바꾸거나, 현금으로 사용할 것을 권했다.

그러나 부동산이 있다고 바로 현금화할 수 있는 일도 아니었다. 나이가 들어 타지에 있으면서 현장 상황도 전혀 알지 못하고, 시세도 알 수 없는 상황에서 차일피일 미루며 생활고와 스트레스에 시달렸나보다.

자주 동행해 낚시도 가고 바둑도 둘 겸 사무실에 자주 들리더니 한동안 보이지 않아 궁금해서 연락했더니 면역력이 떨어졌는지 대상포진이 와서 병원에 입원해 있단다.

병원에 병문안가서 이런저런 이야기도 나누고, 신세 한탄도 들어주고 왔다. 퇴원해 잘 사는 줄 알았는데, 대학병원에 있다는 소식이 들려왔다. 병문안 간지 몇 달도 지나지 않았는데 깜짝 놀라 병원을 방문했더니 대상포진 후 퇴원해 집에 있는데 갑자기 몸이 좋지 않아 병원에 실려 왔단다. 병원에는 아들도 딸도 부인도 없이 처음 보는 아주머니가 시중을 들고 있어 물었더니 간병인이란다. 아들이 와서 자초지종을 설명하는데 급성폐암으로 한 달을 넘기지 못할 거라고 했다.

한국의 아버지는 일하다 죽거나 일을 할 수 없으면 죽는다더니 그 후 한 달 정도가 지나 홀연히 우리 곁을 떠나 시내에 있는 공동묘지 한쪽에 잠들었다.

장례식에 가서 딸과 아들을 만나 많은 이야기를 나누었지만 어릴 적 부모가 잘해준 것은 추억하면서도 어찌해서 건강한 아빠가 몇 달 만에 황망히 떠났는지는 아무도 모르는 눈치였다.

노후 준비가 되지 않았다면 계속해서 벌어야 한다. 다행히 근래에는 국민연금이 있어 최소한의 생활은 유지할 수 있고, 몸이 건강하다면 관공서 등에서 운영하는 텃밭을 가꾸어 이웃과 나누는 취미활동도 가능하다. 건강이 유지된다면 70세까지는 벌 수 있겠지만 100세 시대가 되었으니 80세까지 벌어야 하지 않을까. 그러나 내가 건강하다고 계속 일할 수 있는 사회가 아니다.

이제는 언제라도 일을 할 수 없는 상황이 올 수 있다고 생각하고 일하지 않아도 생활에 어려움이 없도록 서둘러 자금계획을 세우고, 소일거리를 준비해야 한다.

노후에는 많은 돈이 필요하지는 않겠지만 부부가 외출하고, 가까운 곳 여행도 하고, 먹고 싶은 것 먹고, 친구도 찾아가는 생활을 즐기면서 살도록 해야 한다.

아들, 딸은 마음은 어떨지 몰라도 부모의 어려움을 잘 알지는 못한다. 부모야 자식의 사정을 걱정해 알려고 하지만 자식은 자기 살기도 바쁘다.

부동산과 동산을 남기려 하지 말고 내가 쓸 수 있는 현금은 계속 사용할 수 있도록 자금계획을 짜야 한다. 죽은 후에는 내가 가진 모든 것이 같이 사망한다. 입지 않은 좋은 옷도, 남겨둔 부동산도 의미가 없다, 살아서 움직일 수 있을 때 자식이 찾아주면 감사의 뜻을 말과 현금으로 보상하라. 아들에게만 주지 말고 내가 만나 반가운 그 가족들에게 기대보다 더 많은 금액으로 슬그머니 보상하라. 그래야 늙은 할아버지가 보고 싶어지고, 오기 싫어도 함께 오지 않겠나.

내 돈을 준다고 생각하면 아까울지 모르나 이제 내 돈이 아닌 네 돈을 미리 주는 것이니 아까워할 것도 없고, 감사할 것도 없다고 생각하라. 살아서 모두 현금으로 주고 가면 거액의 상속세를 낼 일도, 남은 재산 가지고 자식들끼리 싸울 일도 없으니 얼마나 현명한 선택인가.

미국에서는 102세 할머니가 지금도 아르바이트를 하고 있다는 뉴스가 나왔다. 이제 이 뉴스가 남의 나라 이야기가 아닌 우리의 현실로 다가오고 있다.

직장인이 퇴직할 때가 되어가거나, 퇴직했다면 이제라도 100세 시대에 맞는 준비를 시작해야 한다. 지금까지 충분한 부를 축적해 쌓아 놓았다면 노후를 즐기기만 하면 되겠지만, 그렇지 않다면 평생 노후 생활을 할 수 있는 정도의 매달 수입은 계획해야 한다. 3~5년 직장생활을 연장하는 것은 남은 40년 여생에서 그리 긴 기간이 아님을 알아야 한다.

가능하다면 사회생활을 계속할 방안을 찾아야 하고, 할 수 있다면 은퇴를 고려하지 말아야 한다. 본인이 스스로 은퇴하지 않아도 사회가 은퇴할 나이가 되면 은퇴시켜준다.

아직도 활동하고 계시는 1920년생 철학자도 계시기는 하지만 나이가 들면 자연스럽게 은퇴가 된다.

대기업 상무로 퇴직하고, 회사에서 제공하는 주유소를 위탁받아 몇 년간 운영하면서 노후를 걱정하지 않을 정도의 부를 쌓았다. 60세가 지나 후배에게 물려주고 완전히 은퇴해 사회생활을 접은 대학 동기가 있다. 일주일에 이틀은 늦은 아침 식사를 하고 아내와 골프연습장에 다녔다. 이틀은 필드에 나가 친구들과 골프를 치며 어울렸다. 10년이 지나니 이것도 재미가 없어지는지 봉사하는 일거리라도 내놓으라고 계속 전화를 해온다. 그동안 사회와 격리되어 세상 돌아가는 상황을 모르니 좋은 자격증도 무용지물이고, 어떤 봉사활동도 다시 시작하기 어렵다. 102세 할머니처럼 젊어서부터 계속해 아르바이트라도 해야 늦게까지 할 수 있으니 건강이 허락한다면 사회에 일익을 담당할 수 있도록 열심히 무엇이라도 해야 한다.

사람을 만나고 사회에 도움이 될 수 있다면 모든 욕심 내려놓고 열정을 가지고 임해야 한다.

　우리 사회는 굳이 나이를 따지지 않아도 충분히 대접을 받을 수 있으니 스스로 나이를 벼슬로 생각해서는 안 된다. 젊은이와 친구 할 수 있으면 감사한 마음으로 친구가 되고 배우고 익히며 어울려야 한다. 컴퓨터를 몰라도 된다고 하던 친구들이 이제라도 배우겠다고 나서지만 시기를 놓치면 어렵다. 한 살이라도 젊은 날 새로운 게임도 즐기고 새로운 문화에 익숙해지려고 노력해야 한다. 시대를 따라가지 않으면 나만 뒤처진다. 글자를 안다고 편지를 쓸 수 있는 시대는 아니다. 소통하는 수단도 이메일에서 SNS(인스타그램, 카카오톡) 등으로 계속 진화한다. 익히고, 따라가지 못하면 소통이 막히고, 친구가 막히는 시대다. 기회가 되면 새로운 교육도 참여하고, 서점에 들러 새로운 책도 사서 읽으면서 젊은이와 친구가 되어 열심히 살아야 사는 것이지 생명이 붙어 있다고 사는 것이 아니다.

06

돈은 얼마나
필요한 것인가?

　사람이 살아가는 데 필요한 돈은 많으면 좋겠지만, 직장 없이 노후를 살아가는데 필요한 돈은 얼마나 될까?

　직장생활하면서 이런 생각을 해본 적이 없으니 당연히 알지 못하고, 준비가 없었던 것도 사실이다. 갑자기 직장 그만두고 나서 살아갈 걱정을 하지만 그것도 당장 현실일 뿐 노후까지는 아니었다. 막내가 아직 학교 다니고 있었고, 사택 제공이라는 좋은 제도를 즐기기만 했으니 집 한 칸도 준비하지 않았다.

　대부분 직장인이 영원할 것 같은 직장생활을 즐기고 있을 뿐, 노후 준비는 피부에 와닿지 않은 것이 우리의 현실이다. 그나마 공적연금(국민연금, 공무원연금, 사학연금, 군인연금)에 가입된 직장에 다녔다면 퇴임 후에야 누리는 행운이 있지만 이러한 행운도 퇴직자 반 정도에만 해당하는 이야기다.

　국민연금은 최근 퇴직자 기준 평균 50만 원 정도이고 부부합산 기초연금은 40만 원 정도다. 퇴직 후 고정수입이 100만 원에 불과한 노인들이 40%를 넘는다고 한다. 당장 공공일자리라도 찾아 나서야 할 처지에 놓이게 된다.

지금부터 나는 무엇을 할 것인가, 나는 무엇을 좋아하는지, 나는 무엇을 할 수 있는지를 알아야 도움을 줄 수 있다. 당장 살아갈 돈이 문제가 아니라 앞으로 30~40년을 살아갈 자금에 대해 생각할 수 있어야 어떤 계획을 수립할 수 있지 않겠는가.

가능하면 퇴직 후 준비를 하는 것보다 현직에 있을 때 준비하는 것이 좋다. 존 리(John Lee) 대표가 추천하는 것처럼 태어나면서부터 했다면 가장 바람직하겠지만 우리는 그동안 금융문맹 시대를 살아왔지 않았는가. 이제 누구를 탓할 일은 아니고, 우리 세대가 그런 여유 자체가 없었지 않나. 늦었지만 지금부터라도 시작해야 한다.

남은 인생을 살아내는 데 돈은 얼마나 필요한가? 통계를 분석하는 전문가에 따르면 현시점에서 부부 기준 226만 원/월, 개인은 165만 원/월 정도가 최소한의 생활자금이라고 한다. 개략적으로 20년을 산다면 6.4억 원, 30년을 산다면 9.6억 원이 산술적으로 필요하다. 나이를 먹으면서 살아보면 사는 것도 중요하지만 어떤 모임에 참석하든 원로가 되고, 모임의 고참이 되니 행사가 있을 때마다 작지만 찬조도 하고 기부도 해야 한다. 자식들 행사에도 돈이 필요하다. 가끔은 차도, 가구도 바꿔야 하고 전자제품도 교체해야 한다. 친구들과 해외여행도 가야 하니 최소 생활자금만으로는 삶이 말이 아니다.

이 돈이 현재 있다고 해도 목돈을 통장에 보유하고 있는 것보다는 매월 현금으로 수입이 되는 방법을 찾아야 편하다. 직장에서 수입을 얻는 것도 좋지만 나이가 들면 건강에 따라, 상황에 따라, 자의와 타의에 의해 언제라도 수입은 중단될 수 있다. 부자 아빠들이 하는 부자가 되는 방법인 자본이 일하게 하는 방법을 찾아야 한다. 가능하다면 가장 효율적인 방법(수익률이 높은 방법)으로 일하게 해야 한다. 그러나 효율적인 방법, 욕심이 지나치면 원금에 손실이 올 수도 있으니, 안전한 방법으로 해야 한다. 업계에서 통하는 수익률을 크게 초과한다면 무언가 의심을 해야 한다. 반드시 믿을 만한 전문가와 경험 많은 사람의 자문을 들어야 한다. 자문받는데 필요한 기간과 노력과 자문비용을 아끼지 말아야 실패를 줄일 수 있다.

잘 모른다면 확신이 있을 때까지 준비하고, 단계별로 자문받고, 실제 현장에 뛰어들어 훈련받아야 한다. 아무것도 모르면서 집 짓는데 얼마나 돈이 필요하냐고 묻는 사람이 제일 답답하다.

느닷없이 전화해 화학공장을 건설하는 데 인허가비가 얼마나 필요한가, 견적을 줄 수 있냐는 등 이런 무지한 질문으로는 아무것도 할 수 없다.

BEDD(Basic Engineering Design Data)가 구체적으로 확정되고 공장도면들이 그려져야 부분별로 견적을 받아 총투자액이 확정되어 투자 계획을 수립할 수 있게 된다. 자금을 어떻게 회수할지도 계획해야 수익률이 나오고 투자 타당성(Feasibility Study) 검토가 가능하다. 이후에 추진을 하는데 진행 과정에서 계획하지 않은 돌발 상황이 발생하면 다시 초기 계획을 다시 검토한다. 타당성에 문제가 있으면 언제라도 손해를 감수하고 진행을 중단할 수 있어야 한다. 가장 경계해야 할 것은 미리 목표를 확정해놓고 진행하면 실패할 가능성이 크다는 것이다. 그러면 어떤 충고도 귀에 들어오지 않고, 준비도 부실해지면서 실패를 향해 달리는 기관

차와 같이 패망의 길로 갈 수 있다.

진행 과정에서 공부할 것도 많고, 검토할 것도 많고, 수정할 부분도, 변경할 부분도, 자문받을 일도 계속해 생기게 된다.

노후를 살아야 할 내가 월 200~300만 원 수입만 있으면 둘이 살아가는 데 충분하다고 했다면 그 구체적인 쓰임새와 사용계획을 제시할 수 있어야 하지 않겠는가. 아무런 자료나 부인의 의견도 듣지 않고 막연히 추정하는 것으로는 아무것도 할 수 없다.

이제라도 노후계획을 세우려면 앞으로 연도별로 목돈이 들어갈 계획을 누락 없이 구체화하고, 통계도 찾아보고, 자료도 찾아보고, 경험담도 들어보고, 자료를 준비해 단계별로 자문받고, 공부도 하고, 실제 훈련도 받으면서 남은 30~40년을 잘 살아낼 궁리를 해야 한다.

계획만 세운다고 지금까지 없던 돈이 갑자기 만들어지지는 않겠지만 계획이 수립되고 목표가 설정되면 현재의 조건에서 방법이 없는 것은 아니다. 다만 지금까지 직장생활만 해 모르는 부분이 많고, 전업주부로 살아와서 이런 부분에 도움이 되지 않을 수 있지만, 이를 도울 수 있는 전문가는 주변에 많이 있다. 전문가는 내가 수소문해 찾아 나서야 한다. 자칭 전문가라고 찾아오는 사람은 의심하고 경계해야 한다.

한 전문가만 믿어서도 곤란하다. 귀를 열고 많은 사람의 의견을 들어야 한다. 듣다 보면 어느 순간 내가 이해가 되고 나름대로 방향이 설정된다.

복부인은 본인이 전문가는 아니라도 부동산 중개사무소 전화번호가 200개는 되어야 복부인의 경지에 도달한다고 했던가. 매일 전문가를 만나서 새로운 정보를 듣고, 새로운 정보를 찾아 돈을 아끼지 않는다니 복부인이 되는 길도 내가 노후를 준비하는 길만큼이나 어렵지 않겠는가.

그동안 편하고 여유롭게 살아왔으니 이제부터는 내 삶을 위해, 노후를 위해, 모아놓은 돈을 잃지 않도록 힘들지만 새로운 것도 경험하자. 고생스럽지만 새로운 분야 공부도 하고, 이모작 삶을 개척하기 위해 미리 가본 경험자의 경험과 노하우도 알아내자. 먼저 실패와 성공을 경험한 선배들의 이야기를 가능하면 많이 귀담아들어 내 것으로 만들어야 하지 않겠나. 목표만 잘 설정하면 길이 있고, 반드시 이루어질 것이니 미리 포기하지 않기를 바란다.

07

취미와 일의 차이

학교를 졸업하고 지금까지 일하면서 살아왔다. 건강이 허락한다면 일은 계속해야 할 것이다.

취미란 '전문적으로 하는 것이 아니라, 좋아서 시간 여유가 있을 때 즐기는 일'이다. 전문적이지도 않고, 하기 싫으면 하지 않아도 되는 것이다. 좋아서 즐기는 일이 전문분야가 될 수 있다면, 취미를 일로 할 수도 있어 인생은 재미있어지는 것이 아닐까.

직장인들은 80% 이상이 취미생활을 즐긴다고 한다. 스트레스를 해소해주고, 활기를 되찾아주며, 생활에 도움을 주기 때문에 일과는 다른 부분이다.

취미는 잘하지 않아도 전혀 문제가 되지 않고 남의 평가나 선택을 받을 필요도 없다. 하지만 일은 누군가의 평가와 선택을 직간접적으로 받지 못하면 계속할 수 없다. 또한 품질과 가격에서 경쟁 물품과 경쟁해야 한다. 일로써 하려면 객관적인 수준을 평가할 수 있어야 하고, 정확한 원가와 가격, 품질을 평가하며, 관리할 수 있어야 한다. 경쟁력을 유지하고, 지속성을 유지할 수 있다.

주변에서 사업을 개시하면서 취미 수준으로 아무 생각 없이 무작정 시작하는 경우를 본다. 나는 직장생활을 하면서 본의 아니게 사업성 검토를 수년간 한 적이 있다. 어떤 사업 항목이 막연하게 제시되면(이 항목은 회사의 경영진에서 제시) 이 사업의 국내 수출입 현황과 국내 제조현황, 국내 주요 수요처와 품질 수준을 우선 파악한다. 특허청에 가서 이 품목의 제조 특허와 특허 만료 기간, 제조 공법별 제조원가와 제조법에 따른 원재료의 수급문제, 제품의 판로 문제 등을 검토한다. 국내 새로운 프로젝트 추진현황을 조사해 연도별 자금투입계획과 이익 실현 계획을 수립한다. 사업 타당성(Feasibility Study) 검토 보고서를 작성해 보고하게 되고, 회사 이사회의 의결을 거쳐 사업화 여부 검토로 끝나는 경우가 많다.

사업은 성공 가능성보다 실패 가능성에 무게를 두고 많은 준비를 하고, 충분히 검토해야 한다. 취미는 그런 가능성을 검토하지 않고 일단 시작해보고 재미가 없다면 그만두면 된다. 재미있으면 계속하면 된다. 처음부터 잘할 필요도 없고 남의 평가도 관계가 없다. 그 결과에 대한 책임도 없으며, 내가 심취해 즐길 수 있다면 충분하다. 직장생활은 입사만 하면 한동안은 능력과 관계없이 견딜 수 있는 것이 우리나라의 직장 문화다. 하지만 창업은 시작한 다음 날부터 일어나는 모든 상황에 책임을 감수해야 한다.

종업원을 뽑았다면 노동 계약기간 동안은 내가 책임을 져야 하고, 종업원 5인 이상이 되면 해고도 자유롭지 못하다. 사업주는 산재 대상도 아니고 노동법과 산업안전보건법/중대재해처벌법 대상이 되어 잘못하면 앞으로는 1년 이상의 형을 받을 수도 있다. 사업은 본인의 능력과 업역에 대한 지식과 기능도 필요하지만, 미래를 내다보는 안목 없이 내가 할 수 있는 부분이나 사업자금만으로 쉽사리 결정할 수 있는 것도 아니다. 그래도 인생 이모작을 시작 하려는 퇴직자들에게 내가 재취업보다 창업을 권하는 이유는 재 취업을 하면 얼마 가지 않아 다시 퇴직자가 되고 다시 자기 일을 시작해야 하기 때문이다.

시작은 늦었다고 생각할 때가 가장 빠르다는 격언과 같이 빠를 수록 좋고 늦어지면 시작하기도 어렵고 성공하기는 더 어렵다. 나 이가 들면 열정도 용기도 자신감도 없어져 창업은 시작할 수 없 으니 재취업 문을 두드려야 하는데 갈수록 어려워지다 나중에는 불가능해진다.

비교적 젊은 나이라면 어떤 일이라도 할 수 있고, 해야만 하고, 열정과 용기가 있으니 실패할 가능성도 적다. 다만 무모하지 않 아야 하고, 남의 이야기에 쉽게 빠져들지 말고, 너무 많은 이익을 탐하지 않아야 한다. 남은 인생을 즐길 수 있다면 충분하다는 생 각이 필요하고 지금까지 받아온 혜택을 사회에 환원하겠다는 봉 사하는 마음으로 욕심을 버리고, 배우는 마음으로 시작해 실패를 감수해도 될 만큼의 투자라면 도전하는데 충분하지 않겠는가? 혹 시라도 잘못되더라도 배운 만큼은 남고, 봉사한 만큼은 보람이 있 다. 좋은 경험으로 삼는다면 충분할 것이다.

도전한 분야에 대해 많은 경험과 사람을 얻었으니 다시 시작할 수 있는 용기를 얻을 수도 있을 것이다. 여기서 준비 없이 도전했 다면 실패 원인도 제대로 알지 못하고, 실패에서 얻는 교훈도 적 어 금전적 손실만 남는다는 것이다.

바둑을 두어도 어느 정도의 기량이 되어야 고수와 한판을 두고 나서 복귀를 할 수 있지 않겠는가. 복귀를 할 수 있어야 어느 수가 잘못되었는지 그때 어디에 두었어야 이길 수 있었는지 알 수 있을 것이고, 모른다면 고수를 찾아가 다시 배울 수도 있을 텐데, 기초가 부족해 복귀도 할 수 없다면 실패 원인을 알 수 없으니 힘들고 어려웠던 경험이 무용지물이 된다는 뜻이다. 이렇듯 취미란 무작정 시도하고 실패해도 그 자체를 즐겼으니 손익도, 그 결과도 아무 문제가 없다.

취미를 사업이나 창업으로 연결하고자 할 때 능력 수준이 낮은 사람의 창업을 말리는 것은 수준 자체를 문제 삼고자 하는 것이 아니다. 그 취미에 대한 노력이나 열정이 부족해 수준이 올라가지 못했고, 그 분야 사업을 성공시킬 수 있는 열정도 부족하다는 점이 문제다. 실제로 취미가 일이 되었을 때 내가 계속 취미 수준으로 즐길 수 있을지도 명확하지 않기 때문이다.

취미로 사업을 시작하면 초급자나 배우고자 하는 사람들이 모이고, 동호회도 구성된다. 수준 차이도 있고 대외 활동에 대한 경험도 부족해 체계적인 도움이 되지 못한다. 추가로 수준 높은 전문가를 채용하거나 추가비용 부담이 필요한 상황이 되어 수익률도 낮아지고, 사업의 장악력도 낮아져 활성화에도 많은 제약이 따르게 된다.

취미는 내가 즐기는 영역으로 남겨놓고, 사업은 철저하게 영리 목적만을 위해 검토하고, 체계적으로 준비해 시작하면 된다. 초심자들은 사업을 돈으로 시작한다고 생각한다. 이런 발상 자체가 대단히 위험하고 실패하는 젊은이가 가장 많이 범하는 오류이기도 하다. 사업은 기본적인 내 돈이 필요하겠지만, 수익성을 찾아 현실화시켜가는 과정이다.

사업 종목 선정하고 내가 가진 돈만큼 투자해 시간을 보내는 연습이 아니다. 사업 종목 선정부터, 성공적인 수익 실현까지 모든 과정이 미리 계획되고 철저하게 조사되어 시작하면 그 계획에 따라 정확하게 진행되는 경영학이다.

사업을 시작하기 전에 사업계획서를 검토하고 문제점을 다각도로 검토해 개선하고, 보완해야 실패를 줄일 수 있다. 망하는 사업계획서가 작성될 수 없지만 실제로 3개월, 3년 이내에 망하는 사업이 많다는 것은 무엇을 말해주고 있는 것일까?

사업계획서가 처음부터 없었거나, 있었다 하더라도 많이 부실했거나, 작성자가 제대로 작성하지 않았거나, 주관적으로 작성하고 객관성 확보를 위한 전문가의 의견이 생략되었거나, 전문가와 경험자의 의견을 철저히 무시했거나, 계획서는 서류로만 존재하고, 추진단계에서부터 추진자 마음대로 진행해 실패를 향해 돌진했으니 이런 결과를 만들었을 것이다.

철저한 준비와 과정마다 반대자의 의견을 경청하고, 전문가의 의견을 청해 듣는 노력을 해 실패 구멍을 사전에 제거해나간다. 가능한 한 여러 사람의 중지를 모아야 나쁜 결과를 만들지 않는다. 도와줄 사람이 부족하다면 가족 구성원들의 의견이라도 모으는 지혜를 갖길 바란다.

08

행복과 불행 사이

행복에 대해 생각해본다. 그동안 살아오면서 불행하다고 생각해본 적도 특별히 행복하다고 깊이 고뇌해본 적도 없다. 하지만 어제 느닷없이 친지의 40대 중반 사위가 자살했다는 소식을 듣고 깊은 상념에 잠겨본다. 작년 이때쯤 한번 스치듯 만난 적이 있기는 하지만 깊은 교감을 나눈 적은 없다. 부모 밑에서 사업을 배우고 인수해 열심히 살았다는데 최근에는 순조롭지 못해 고생을 많이 하고 빚도 있었다고 한다. 이제는 부모들의 전화 연락도 받지 않고 지낸다는 소식을 들은 적이 있다.

우리나라 자살자는 연간 13,000여 명으로 OECD 국가 중 1등이다. 우리나라 자살자가 13,000명에서 14,000명, 10만 명당 23.5명(약 37명/일)으로 OECD 국가 중에서 다른 나쁜 통계와 마찬가지로 꼴찌에 가깝다. OECD 평균이 10만 명당 10.9명인데 한국은 23.5로 2003년 이후 계속 OECD 국가 중 1위를 하다 2018년 리투아니아가 OECD에 가입하면서 1위를 내어주고 2위를 했으나 다음 해 바로 다시 1위가 되었다.

지난 번에 안전 강의를 하면서 자살의 심각성과 문제를 이야기했다. 그랬더니 "죽고 싶은 자유도 있다"라고 항변하는 수강자가 있었다. 가족 중에 자살자가 있어도 그런 이야기를 할 수 있는지 되물은 적이 있다. 자살자 뒤에 남겨진 부모, 배우자와 자녀들이 짊어져야 하는 평생 고통과 회한은 자살자에 준할 것이다. 장례식을 준비하고 마치면서도 모두가 죄인인 듯 조용하다.

얼마 전에는 평상시 운동도 같이하고, 시집도 내고 작사한 노래 발표회도 하며 친하게 지내던 아내와 같은 직장에 다녔던 후배의 남편이 자살했다. 정년퇴직을 한 달 앞두고 집안에서 벌어진 일이었다고 한다.

회사에서 준 자사주가 그동안 많이 올랐다며, 연말이면 배당금도 가져오고, 퇴직 후에는 팔아서 무엇을 할지 계획을 세우기도 했다고 한다. 그런데 상의도 없이 오래전에 팔아 주식을 하다 그동안 배당금이라 가져온 건 사실 사채를 내서 가져온 것이라고 했다. 후배인 그의 부인을 포함한 다른 가족들은 이 사실을 전혀 몰랐단다.

퇴직이 다가오니 사채 압박이 들어오고, 주식에 대한 심적인 압박도 있어 혼자서 끙끙대다가 먼저 갔다고 추정할 뿐이다. 나름대로는 정리해서 쓰던 차 말고는 자기 이름으로 된 재산은 모두 정리했는지 없고, 사채를 몇천만 원만 남겼단다. 여러 채의 아파트가 있어 그것을 정리하면 노후생활은 충분히 가능했다고 하는데, 참 안타까운 죽음이다. 그런데 얼마 지나지 않아 그 부인도 충격 탓인지 정신이 온전치 못해져 지금은 아들의 보호 아래 행복이 없는 삶을 살고 있다. 그래도 남편이 있었으면 좋았을 텐데 마지막까지 그리도 소통을 못 했을까?

우리나라는 특히 지도층과 연예인의 자살이 많다. 그 이름을 열거하지 않아도 알 만큼 많다. '베르테르 효과(유명인 모방 자살)' 때문에 유명인은 특히 자살하지 않았으면 하는 것이 나의 생각이다. 특히 지도층의 자살에는 검찰 조사가 전조가 되는 경우가 유달리 많다.

우리나라가 자살률 1등 하는 많은 이유가 있겠지만 우리나라 사람들이 현실에 만족하지 못하고 사는 것도 또 다른 이유일 수 있다. 1990년대보다는 2000년대가 풍요롭고, 살기가 좋아졌는지 모르겠지만, 우리나라 웰빙지수는 세계 117위이고, 행복지수는 118위, 노인 빈곤지수 1위라니 개선이 쉽지도 않을 듯하다.

울산에는 자랑스러운 울산대교가 개통해 상부에서 현대자동차 공장과 수출하는 자동차들, 오고 가는 많은 무역선, 울산 공업단지와 공장들을 볼 수 있다. 다리 위로 사람 접근이 불가능하고, 통과하는 차도 정차할 수 없도록 CCTV로 철저히 관리하고 있다. 혹시라도 승용차가 정차하면 즉시 119에 신고되고, 관리 요원이 즉시 출동해 자살 방지 활동에 돌입한다.

자살의 원인 중에 가장 많은 요인이 우울증이라는 데, 치료를 위한 병원 방문과 약 복용이 다른 나라에 비해 많이 부족하단다. 사회적인 인식이 정신과 병원과 약을 꺼리는 현상에 기인한다니 주위의 인식변화에도 큰 노력이 필요하다고 생각된다.

똑같이 월 800달러를 벌어도 아프리카 의사는 충분히 만족하고 행복해하지만, 미국의 거지는 불행해 하고 삶에 불만을 느낀다는 글을 읽은 적이 있다. 행복의 기준은 돈도 아니고 생활수준도 아니다. 나만의 가치 기준이 아닐까. 인생이라는 대항해를 하면서 어찌 맑은 날만 있을까? 태풍이 오고 파도가 치고 비가 오는 날도 있어야 맑은 날이 더 행복하지 않을까?

즐거움이 없는 인생도 인생이 아니듯이 고통이 없는 인생도 삶이 아닐 것이다. 오고 가는 행복과 불행은 하나의 사이클(Cycle)로 생각하고 즐길 수 있다면 어찌 인생이 불행하기만 할까?

지금의 고통이 내일 행복의 씨앗이 될 수 있다면 충분히 견딜 수 있을 것이고, 오늘 힘들지만 남은 인생을 보람되게 할 수 있다면 이 또한 견뎌볼 만하지 않은가?

우리나라도 이제 노블레스 오블리주(Noblesse Oblige)를 실천하는 분들이 많아졌다. 가진 것이 모두 자기 것으로 생각하던 특권층이 내가 가진 것의 상당 부분은 과분한 것이고, 내가 얻을 수 있었던 것보다 훨씬 더 많이 얻은 것은 사회로 환원한다는 생각으로 바뀌는 것은 바람직한 방향이다.

더불어 행복해지는 세상이 오면 없는 분들도 행복해 지지만 가진 분들도 같이 행복해지는 세상이 될 것이다. 주는 것이 받는 것보다 더 행복한 것을 모든 분이 알았으면 좋겠다.

"I just called to say I love you(사랑한다고 말하고 싶어)"를 히트시킨 스티비 원더(Stevie Wonder)는 어린 시절 눈먼 흑인 소년인 자신이 교실에 들어온 쥐를 귀로 찾아내는 것을 본 선생님의 말 한마디에 인생이 바뀌었다고 한다. 선생님은 "넌 우리 반의 어떤 친구도 갖지 못한 능력을 갖추고 있어. 네겐 특별한 귀가 있잖니"라고 말했다고 한다.

어린 시절 들었던 희망을 주는 한마디는 인생을 살찌게 한다. 하지만 평생 고통을 안겨준 어린 시절 학교폭력 친구, 어른이 지나치는 듯 다른 사람과 비교해 질타하는 나쁜 한마디는 인생을 파괴하고, 자존감을 갉아먹는다. 성인이 되어서 정신과 치료를 받게 되는, 절대 있어서는 안 되는 우리 사회의 나쁜 문화다. 이제부터라도 만나는 사람마다 덕담을 주고받으며 인생을 행복으로 안내해야 하지 않을까 생각해본다.

어린 시절 학교폭력과 성폭력이 얼마나 오래도록 인생을 괴롭히고, 망가뜨리는지 알지 못하는 어른들이 너무 쉽게 이런 상황을 처리하려 든다. 자신의 무지로 안일하게 대처하고 비난해 인생을 죽음으로 몰아간다. 우리 문화가 이제라도 이들을 안고 갈 수 있는 포용력을 키워 더는 상처 받지 않고 치료받으면서 더불어 살아갈 수 있는 사회적인 분위기가 형성되어야 한다.

문제를 파악한 지 20여 년이 지나도록 자살률 문제를 해결하지 못하고, 40여 년 동안 신생아 출산율 문제에 예산만 투입하고 있는 우리는 어디서부터 잘못되었는지 다시 원점에서부터 논의를 시작해야 한다.

이 문제를 해결하지 않고서는 어떠한 복지도 미봉책에 불과하고, 국가의 미래도 바라볼 수 없는 상황이라는 현실을 직시해야 한다. '한남동 다리로 간다'라는 말이 자살을 암시하는 관용어가 되었다니 이제라도 책임 있는 사람들이 모두 나서 맡은 바 책임을 다해야 한다.

자살은 자살자의 문제가 아닌 우리 모두의 문제라는 인식을 하고 주위를 들러보고 더불어 살아가는 노력이 필요한 때다.

09

완벽한 사람보다
허점이 있는 사람이 좋다

사람은 살면서 많은 실수를 한다. 그 실수로부터 무엇인가를 배우는 사람과 그렇지 못한 사람이 있을 수 있지만 그러면서 사람은 점점 더 단단해지고 완전해지는 것 같다.

실수를 지적하고 질책한다면 개선보다는 반감이 늘어나 인간관계를 해치는 결과를 낳는다. 완벽한 사람보다 허점이 있는 사람이 훨씬 더 인간적이고 친숙해지기 쉽다.

약간은 어리숙한 농담을 하는 사람이 좋다. 분위기에 맞지 않아도 유머가 있는 사람 말이다.

완전한 것처럼 위장하고 살면서 속으로 삭이고, 가슴에 쌓아 죽음을 생각하는 사람보다 모르는 것을 수시로 찾아와 물어보는, 그것이 말도 안 되는 기초적인 것일지라도 그런 사람이 발전할 것이라는 믿음이 간다. 아무것도 모르면서 물어보지도 상의하지도 않고 재촉할 때까지 끙끙대고 있는 사람보다는 어리숙하지만 자기 일을 나름대로 열심히 하면서 완벽을 향해 가는 그런 사람이 앞으로가 기대되고 발전한다는 믿음이 있다.

요사이는 열심히 한다고 매일 늦게까지 남아서 일하는 직원보다 일찍 퇴근하면서 자기 일은 말끔하게 처리하는 그런 직원이 더 좋다. 해보기도 전에 못 한다고 포기하는 사람보다 일을 시키면 하는 방법을 찾아 나서는 사람이 믿음이 가고 듬직하다.

세상에서 지금까지 내가 해본 일이 얼마나 될까? 많은 일은 처음 해보거나 들어본 적도 없는 일이 대부분이다. 그러나 누군가는 해봤을 것이고 그 기록이나 연구 자료, 책으로 정리되어 있을 것이다. 경험자들은 그 경험을 나누고자 하는 마음이 있는 경우가 많다.

어떤 일을 하고자 한다면 우선 경험자들이 남긴 기록이나 문헌, 연구 자료, 기록물, 경험을 직접 찾아내서 필요하다면 배우고 익혀야 한다. 그 길이 멀고 험하다 해도 해보지도 않고 모른다고 하는 것은 우리가 가장 경계해야 할 삶의 태도다.

나는 할 수 없다고 생각해본 적이 없다. 하는 데 너무 큰 노력이 필요해서 할 가치가 떨어지는 것은 있을 수 있겠지만, 이것도 충분한 시도를 한 후에야 판단할 수 있다. 처음부터 할 수 없는 것은 없다고 생각한다. 하물며 경험자가 시키는 일은 나름대로 할 수 있다고 생각하고 그 방법까지 생각해서 시키는 것이니 못할 이유가 없다.

어떤 일을 하고 싶다면 그 일에 대한 계획을 수립하고, 할 수 있다고 생각되는 부분을 해보고 할 수 없거나 하기가 어려운 부분은 미리 실패와 성공을 해본 사람을 찾아가 배우면 된다.

성공한 사람이 어찌 한 번에 큰 성공을 거두었겠는가? 실패와 성공을 반복하면서 큰 노력 끝에 성공한 것이 아니겠는가?

처음부터 내가 알고 있던 것이 무엇인가? 아무것도 모르고 시작했고, 처음으로 기차를 타고, 처음으로 비행기를 타고, 처음으로 차를 몰던 기억이 우리 모두에게는 있다. 그러나 지금은 발처럼 차를 타고 이동하고 항상 그랬던 것처럼 능숙하게 모든 일을 잘 처리하고 있지 않은가? 도전하지 않으면 아무것도 이룰 수 없고, 새로운 일을 시작할 수 없다면 우리는 영원히 남이 시키는 일만 하게 된다. 스스로는 아무것도 할 수 없는 기계 부속처럼 살다가는 인생으로 살아야 한다. 내가 부족하지만, 무엇인가 해야 한다면 스스로 즐기고, 할 수 있는 것을 찾아 시작해보는 것이다. 사회에 피해를 주는 것이 아니라면 그것이 어떤 것이라도 좋다. 돈될 일도 많고, 해야 할 일도 많은데, 할 사람이 없는 그런 일은 주변에 많이 있다.

사람은 누구나 훌륭한 적성을 타고 난다. 다만 우리 사회가 동일 방법으로 사람을 평가해 순위를 매겨 나열하는 학교 교육을 하고 있어 불필요한 평가에 주눅 들어 있을 뿐이다.

중학교를 마치고 고등학교에 가지 않고도 국가대표가 되어 국가를 빛내고, 전국 1등을 차지하는 운동선수가 있고, 고등학교만 졸업하고 프로 선수가 되어 세계적으로 국가를 빛내는 선수들도 흔하다. 이제 모두를 잘하는 사람보다 자기가 좋아하는 한 분야를 잘하는 사람이 빛나는 사회가 되었다.

학교에서 배우는 것이 전부일 수도 없고, 내가 좋아하는 전문분야에서 일찍 시작해 배우는 것이 어떤 면에서는 더 빠른 길일 수도 있다.

사람이 모든 면에서 잘할 수 없음을 인정해야 한다. 모든 사람이 노래방에 가서 노래를 잘해야 하는 것이 아니다. 음치가 있고, 박치도 있고, 몸치도 있다. 그러나 흥이 없는 것은 아니다. 노래를 잘한다고 운동을 잘하는 것도 아니다. 잘하는 부분이 있다면 인정해주고, 못하는 부분이 있어도 틀린 것도 이상한 것도 아니다.

노래를 잘하는 사람(가수도 아니면서)이 노래를 못하는 사람에게 '입이 있는데, 왜 노래를 못하냐'고 강박하는 상황은 잘못되었다. 손과 발이 있으니 모든 운동을 잘해야 한다고 따지는 운동선수와 다름이 아니니 이는 틀림을 인정하지 못하는 무지의 소치에 불과하다.

서로가 다름을 인정하고 어울려 즐길 수 있다면 그 또한 더불어 살아가는 사회가 아니던가.

초등학생이 학교 성적이 떨어졌다고 자살하는 사회는 뭔가 잘못되어 가고 있다.

옛날 아니 60~70년 전에 우리나라 문맹률이 80%를 넘었어도 행복지수가 이렇게 낮지는 않았다. 최근에 우리는 누구와 너무 비교하면서 살아가는 것이 아닌가? 내면의 가치를 중시하고 의식주(입고, 먹고, 사는) 문제가 해결된다면 이 또한 충분한 삶이 아닐까?

내가 살면서 이렇게 풍족한 삶을 살아본 적이 없다. 옛날보다 돈이 많아서가 아니다. 돈은 내 주머니에 있는 돈 정도만 내 것인 것을 알지만 마음에 여유가 생기고 삶이 풍요롭게 느껴진다. 지금까지 한 번도 돈 때문에 생활에 심한 압박을 받거나 심적으로 고통을 받은 적은 없었지만 내 수중에 동전 한 닢 없던 시절을 지나왔지만, 이렇게 마음의 여유가 있었던 적도 없었다.

지금도 내가 쓰고 싶은 돈을 마음대로 쓰지는 못해 그때나 지금이나 마찬가지지만 마음의 여유가 있다. 지금도 특별히 잘 먹는 것도 아니고, 집사람이 사주지 않으면 스스로 구두 한 켤레, 옷 한 벌을 사러 나서지 못하고 옷이 많아도 마음에 드는 한두 벌 바지로 여름을 난다.

딸이 둘 있는데, 약속하면 하나는 항상 5분 정도 늦게 나오고, 하나는 항상 5분 정도 빨리 나온다. 나는 이것을 알면서도 정시에 나가거나 몇 분은 빨리 나가 기다린다.

집사람은 빨리 나오는 딸과는 5분 빨리 나가거나 5분 정도 약속 시각을 늦게 잡고 정시에 나가 시간을 맞추고, 늦게 나오는 딸과는 약속을 당기거나 늦게 나가 시간을 맞춘다.

나는 항상 이런 부분에서 맹한 부분이 있고, 쓸데없는 나만의 원칙으로 시간을 소모한다. 이제라도 이를 개선해야 한다는 것을 알면서도 항상 똑같은 바보짓을 하면서 산다. 한 딸은 가끔 어색한 유머로 나를 기쁘게 하지만 다른 애는 자기가 하고 싶은 말만 한다.

속에 어떤 생각이 있는지 알 수 없으니 그 애와는 항상 서먹하고 어색하다. 내 마음속에 사랑하는 마음이야 다름없지만, 서로서로 깊이 있게 모르면서도 가끔은 따뜻한 행동으로 나타나는 애틋한 마음만으로 미루어 짐작하고 항상 감사할 뿐이다.

완벽한 사람보다 허점이 있는 사람이 훨씬 더 인간적이고 나는 그런 사람이 좋다.

모든 부분에서 잘난 사람보다 약간은 부족할 수 있지만 어쩌다 연락하면 반겨주고 변함없이 털털한 어린 시절 친구가 좋다.

10

모르면 모른다고
말하라

    사람이 살면서 갖추어야 할 덕목 중에 몇 가지가 있는데, 그중 하나가 진실해야 한다는 것이다. 기억이 명확하지 않는데 그 자리를 면하려고 쉽게 이야기하면 안 된다. 기억이 나지 않는다면 기억이 명확하지 않다고 하면 될 것이다. 모르는 것은 모른다고 하고 잘못된 것은 잘못했다고 해야 한다. 사람은 언제라도 잘못을 할 수가 있다. 때와 장소에 따라 판단이 다를 수도 있고, 잘 모르고 있을 수도 있다. 지나고 나서 잘못을 인지했다면 즉시 시인하고 사과하면 될 일이다. 잘못을 계속해 변명하다 보면 또 다른 잘못을 만들어 해결할 수 없는 지경에 이르게 된다. 불행한 것은 우리나라에서는 진실만을 말하는 사람은 국민의 지도자가 될 수 없다. 언제부턴가 진실만을 말하는 사람은 나약해보이고 임기응변에 약하고 능력이 떨어지는 것으로 인식되는 사회가 되었으니 이런 사람은 정치권에 붙어 있을 수 없다. 뭔가 잘못되어도 한참 잘못되었다.

    사람이 폭력적이어서는 안 된다. 어떤 경우라도 상대를 존경하고 나이에 상관없이 인격적으로 대해야 한다. 몇 년 아니 수십 년 전에 발생한 어린 시절 폭력으로 인생을 그르치는 사례가 있지 않은가? 살다 보면 폭력에 휘말릴 수도 있겠지만 어떤 경우라도 책임질 수 있는 행동을 해야 하고, 이로 인해 큰 오점을 남기지 말아야 한다. 요사이는 젊은 사람이 아버지뻘 되는 사람이나 할아버지뻘 되는 사람을 폭행하는 기사가 가끔 뉴스로 나오는 것을 본다.

언젠가 거래하는 회사에 근무하는 사람이 자기가 거래하는 회사가 선택되게 하려고 자기 팀장에게 내가 자기 아버지 멱살을 잡고 흔들었으니 우리 회사는 절대 안 된다고 해서 그 친구가 추천하는 회사를 선택할 수밖에 없었다는 후일담을 들은 적이 있다.

그 친구의 부친은 기술사 선배로 그 회사 부장 출신이기도 해 항상 존경하는 마음을 갖고 있었고, 자주 만나 인사드리지 못해 죄스러워했을 뿐만 아니라 내 평생 운동은 열심히 했어도 누구 멱살을 잡거나 폭력을 행사할 의도를 드러낸 적이 없으니 가능성이 전혀 없다고 해명하고 끝난 적이 있다.

그 친구는 오래가지 못하고 다른 도시에 있는 공장으로 밀려나 승진도 못 하고 만년 대리로 지금은 어찌 되었는지 모르겠다. 자기의 조그만 이익을 위해 남을 모함하고, 불이익을 주고, 자기의 이익을 달성하는 사람이 잘 되는 사회는 아니었으면 좋겠다.

심지어 존속에 대해 상해를 가하는 경우도 보도되는데 이는 본인의 성격이기도 하지만 성장하는 과정에서 부모의 역할이나 사회적인 책임도 한번 생각해봐야 한다. 우리 사회가 12년에서 16년 아니 더 많은 기간 동안 교육을 담당하면서 과연 이런 부분을 간과하지는 않고 있는지 다시 생각해봐야 한다. 특히 어린이집이나 유치원에서 선생님들의 폭력은 어린이 성장에 대단히 중요한 부분인데 인성이 갖추어지지 않은 선생님들이 어린이 학대를 하거나 이를 관리하는 분들의 방임이 자주 발견된다. 왜 그러는지는 잘 모르겠지만 어린 부모들이 자녀를 학대하는 경우도 상당수 보도된다. 어린 시절에 학대를 당한 어린이는 어른이 되어 폭력적으로 될 가능성이 크다고 하니 주변에서 잘 감시해야 한다.

사람이 많이 배우고 많이 알면 인성이 좋아지고, 착해져야 한다. 그런데 주변에서 많이 배우고 똑똑한 사람이 부모에게 정말 잘한다는 사례를 찾기 어렵다. 옛날에는 많이 배운 분들이 배운 대로 실천하고, 자신을 희생했는데 오늘 우리의 교육을 다시 돌아봐야 한다.

내 사촌 형님이 뇌출혈로 쓰러져 몇 년째 몸을 제대로 가누지 못하고, 말도 못 해 치료비만 늘어나고 있다고 한다. 두 명의 아들이 분담해 첫째는 생활비와 병원비를 벌고 둘째는 몇 년째 전담해 병수발을 들고 있는데 앞으로도 계속하겠다고 고집한다니 요새 애들의 마인드는 아닌가 보다.

사람은 살면서 주위에 선한 영향을 주어야 한다. 아무리 힘들고 삶이 어렵더라도 해서는 안 되는 일이 있다. 사회에서 용납되지 않는 사업으로 돈을 벌어서는 안 된다. 그런 돈은 결코 좋은 결과를 만들 수 없기 때문이다. 그런 돈으로 자식을 키우고 학교를 보낸다고 그 자식이 훌륭한 사람이 될 수 있을까? 세상을 살면서 돈이 필요한 것은 맞지만 그렇게 많을 필요는 없는 것 같다. 옛날 어른들은 의식주(衣食住)에 필요한 최소한의 소유로 자족했다. 오늘날 우리는 얼마나 많은 것들을 소유하고 있으며, 얼마나 더 많은 것들을 원하고 있는지 끝이 없다.

　돌이켜 생각해보면 지금처럼 식생활이 풍족한 시대가 과연 있었는가? 보릿고개에 우리 할머니는 젊은 나이에 홀로되어 사 형제나 키운다고 얼마나 힘들었을까? 그렇게 오래된 일도 아니다. 생각 같아서는 근래의 풍요가 너무나 감사하고 누리기에 너무 부담스러워 쌀 한 가마니 짊어지고 타임머신을 타고 그때 보릿고개로 고생하시던 할머니께 가져다드리고 싶은 생각이 가끔 간절해진다.

　내가 어린 시절에 보릿고개로 크게 고생한 적은 없지만 그렇다고 풍족하지도 않았으니 한 세대도 지나기 전 일이 아닌가 싶다. 고무신에 아래가 터진 바지를 입고 얼음이 언 논에서 썰매도 타고 팽이도 치던 시절이 한 세대 전이라니 아마 지금 세대는 호랑이 담배 피우던 시절 이야기쯤으로 생각할 것이다. 집안에 옷이 최소한 몇십 벌이고, 몇백 벌이다. 풍요는 넘쳐나는데 만족은 없고, 예절에는 어른도 아이도 없고 이웃사촌도 앞집도 없는 아파트 문화가 우리의 문화인 양 살아가는 우리네가 아닌가. 옛날 어른들은 이웃을 위해 '평생 논둑을 양보해도 논 한 마지기가 안 된다"고 양보를 미덕으로 삼았었다. 기본으로 돌아가 양보하고 베풀면서 오순도순 살아가는 것이 풍요보다 더 중요한 덕목이 아닐까, 생각해보는 아침이다.

　최근에는 태어나서 세상 밖으로 나오면 어린이집이요, 유치원이다. 아주 어렸을 때부터 체계적인 교육을 받으면서 자라는데, 인성 교육이 부족해 이런 일들이 발생할까?

　이들을 맡아 기르고 가르치는 선생님들도 체계적인 교육 과정을 거쳐 자격을 얻고 훈련을 거쳐 배치를 받아 가르치고 있을 텐데, 일부 몰지각한 사람들은 해서는 안 될 일을 하고 있다.

어린 시기에는 사람이 살아가는 데 필요한 최소한의 인성과 사회와 만나는 접점에 대한 안전교육과 주변 사람에 대한 예의 교육이 필요한데, 만나는 어른들이 모든 나쁜 사람이라는 가정하에 경계심만 가르치는 것이 아닌가 걱정이 된다.

옛날에 만나던 모든 사람은 같은 동네 사람이고, 우리 부모와 교류가 있는 이웃사촌이었으니 경계심이 아닌 친근감이 먼저였고, 모두가 나의 보호자였는데 이런 인성이 자연스러웠지 않을까? 언제부터인가 같은 아파트 사는 사람도 교류가 없어지고, 모두가 타인이 되어가고 있다. 요즘은 승강기에서 만나는 통로 사람들과 친해지고자 나이 상관없이 먼저 인사하고, 대화를 시도하는 등 갖은 노력을 하고 있지만, 마음의 문이 열리지 않는지 건성으로 대답하고는 지나친다.

우리나라 어린이 교육도 옛날 훈장 선생님이 가르치는 인성교육과 자연과 친화되고 더불어 살아가는 것부터 배우는 것이 어떨까? 공부를 잘해 월반하는 것도 중요하고 세계적인 인물도 중요하다. 하지만 고등학생들이 몰려다니면서 30대 가장과 시비를 만들고 폭력을 행사해 사망에 이르게 하고도 뭐가 잘못되었는지 알지 못하도록 만드는 교육은 근본적으로 방향이 잘못되었다. 요사이 학교 선생님 후배가 학생이 무서워 교과 말고는 교육을 포기했다니 이러한 제도를 누가 기획하고 누가 만들어가고 있는지 모르겠다.

내가 강의할 때는 매년 스승의 날에 조그만 선물을 준비해 건네고, 감사의 뜻으로 몇몇 학생들과 조촐한 식사를 하기도 했다.

지금은 소풍 가는 날 학부모가 음료 상자를 들고 와서 잘 다녀오라고 친구들과 버스 기사까지 골고루 나눠주고 같이 앉아 계시는 담임 선생님에게는 못 드린다고 한다. 이런 패륜(?)을 누가 법으로 만들었는지 우리 모두 반성해야 하지 않을까.

11

배운 것을 활용하라

오랫동안 직장생활과 사회생활을 하고, 취미생활도 병행하면서 우리는 타의든 자의든 많은 것을 배우고 익히며 살아왔다. 배우고 익히면서 힘도 들었지만, 이제는 경험이라는 자산으로 쌓인 것을 이용해 내가 가장 잘할 수 있는 부분을 활용하는 방안을 찾는 것이 완전히 새로운 분야를 다시 시작하는 것보다 좋고, 잘 아는 분야가 편할 것이다.

기억이 나지 않는다면 분임조 활동을 하면서 익히고 실제 적용해 활용했던 기법을 나열해보자. 품질관리 7가지 기법 중 '특성요인도', '파래토 분석 그래프', 'Check Sheet', '브레인스토밍' 등이 있다. 이래도 기억이 나지 않는다면 인터넷에서 찾아보면 이미 사용해본 경험이 있는 기법이니 쉽게 적용할 수 있을 것이다.

회사에 다니는 직장인이라면 산업안전보건법에 따라 매달 2시간씩 평생교육을 받아왔을 것이다. 그 자료를 모았다면 매년 대학에서 1과목은 이수할 정도의 학점을 취득했으니 이제 새로운 분야도 아니다. 관리자라면 팀원들 관리, 품질관리, 안전관리, 환경

관리에 고민을 많이 했을 것이니 이 또한 사람 관리에 많은 도움이 될 것이다.

사업을 하려면 반드시 실시해야 하는 위험성 평가, 현장 관리, 설비관리, 품질관리, 운전관리 등을 해야 한다. 모두가 익히 해오던 일들이 아닌가?

최근에는 컴퓨터를 이용한 관리기법이 소프트웨어로 개발되어 보급되고 있어 이를 활용하는 것도 좋은 방법이다.

새로운 분야라고 해도 지금까지 한 번도 보지도 듣지도 못한 분야는 없다. ISO에서 다양한 기법과 인증 관리시스템을 가지고 있고, 새로운 인증 시스템도 계속해 개발되고 있다. 이 분야도 깊이 들여다보면 지금까지 해왔던 시스템의 문제점을 개선하고, 시스템화가 미흡했던 부분을 여러 전문가가 숙의해 관리할 수 있도록 개발한 것이 대부분이다. 이들을 이해하는 것도 대단히 중요해 연결된다면 이 부분도 활용할 수 있을 것이다.

그러나 이러한 시스템들은 내 경험으로는 한때 유행을 타는지 노후를 위한 대책으로는 추천하기 곤란하다. 지금까지 경험을 정리해 이해하고 관리시스템을 공부하는 차원에서는 많은 도움이 될 수 있다. 그러나 인증원과 인연이 있는 경우를 제외하고는 그 이상도 이하도 아니다.

직장생활이나 취업을 위해 가지고 있었던 자격증이 있다면 이를 활용하는 것도 방법이 될 수 있다. 나와 같이 근무했던 분 중에 개인택시를 하는 분도 계시고, 자격증을 이용해 점검이나, 감리하는 분도 계시는데 노후에 시간 여유를 갖고 할 수 있는 분야로 추천할 만하다.

퇴직 후에 그동안 경험과는 전혀 다른 분야의 자격증을 취득하는 사람도 있다. 자격을 취득하기 위해 큰 노력이 필요하지만 정작 이모작에는 크게 도움이 되지 않는다. 취업으로 연결된다고 해도 또 다른 어려움이 따르는 것이 현실이라 아까운 비용과 시간만 낭비하는 경우가 많다.

본인이 하고 싶은 분야나 지금까지 해왔던 분야로 자격증이 없어 문제가 있고, 자격증이 필요하다면 나이가 들어도 도전할 것을 권장한다. 경험과 능력을 정리해 이론적으로 한 차원 높일 수 있고 자격을 취득하면 경험을 살려 좋은 일자리도 만들 수 있다. 후배 중에 퇴직 직전에 기술사 자격을 취득해 전국을 돌아다니며 명강사로 강의하고 있는 사람도 있고, 재취업을 해 노후를 여유롭게 즐기는 사람도 있다.

자동차운전면허시험에 30여 번 떨어진 사람도 있고, 기사 시험에 20여 번 떨어진 사람도 주위에 있다. 이런 사람에게는 그 분야 사업을 권장하지는 않는다. 지금까지 봐왔던 바로는 그 사람이 그 분야 사업을 벌인다고 해도 그 사람의 적성이 아니거나 열정이 부족해 더는 발전이 없는 경우가 많아 취미나 생활 방편으로는 몰라도 사업으로는 권장하지는 않는다.

아는 것도 중요하고, 경험도 중요하지만, 사업에는 대단한 열정이 끊임없이 필요한 경우가 많다.

노후에 반드시 취업이나 사업을 해서 돈을 벌어야 하는 것은 아니다. 현재 조건에서 노후를 준비할 수 있다면 굳이 취업이나 사업을 시작해 인생을 낭비할 필요는 없다. 내가 가진 것을 나누며 남은 인생을 즐기는 방법을 찾아 나서면 그 또한 좋은 인생 설계가 아니겠는가.

내가 가진 것이 많으면 좋겠지만 많지 않아도 준비만 잘하면 풍요로운 인생을 보낼 수 있다.

가지고 있는 자산을 아파트나 빌라에 깔고 앉아 있지 말고, 일하는 자산으로 만들 수 있다면 매달 수입을 창출할 수 있을 것이다. 이를 활용해 노후 계획을 잘만 수립한다면 풍요롭지는 않아도 여유로운 여생을 즐기는 데는 문제가 없을 것이다. 어차피 취업하든 사업을 하든 영원히 할 수는 없으니 빨리 노후를 준비하는 것도 큰 장점이 될 수 있다.

지금까지는 가족을 위해 열심히 살아왔다면 이제부터는 아무 관계가 없는 주위 사람들을 위해 내가 가진 것을 나누면서 사회에 돌려주는 삶을 살 수 있다면 그 보람은 두 배 세 배가 되어 큰 기쁨으로 돌아올 것이다. 이것이 취미일 수도 있고, 내가 가진 능력을 나누는 삶일 수도 있지만 주는 것이 받는 것보다 훨씬 더 재미있다는 것을 알게 되기를 바란다.

한국에서 초빙교수로 일하다 귀국한 세계적인 정신의학계 교수 한 분이 "한국인은 너무 친절하다. 그러나 그것이 그 사람의 인격이라고 판단하면 오해다. 권력이 있거나 유명한 사람에게는 지나칠 정도로 친절하지만, 자기보다 약하거나 힘없는 서민에게는 거만하기 짝이 없어 놀랄 때가 많다. 특히 식당 종업원에게는 마구잡이로 무례하게 대해 같이 간 사람이 불쾌할 정도다"라고 말 한 적이 있다.

내 주변에도 이런 분이 있어 한없이 착하고 좋은 분이지만 백화점 종업원에게는 큰소리치고 갑질을 해 옆에 서 있는 나를 당황하게 한 적이 한두 번이 아니어서 지금은 멀리하고 있다.

우리나라 행복지수가 특히 낮은 것은 못 살아서가 아니다. 성공의 의미가 너무 좁아, 쓸 만큼 돈이 있고 잘 사는 데도 자기보다 더 잘사는 사람을 부러워하며 항상 부족함을 느끼며 가진 99에 1을 채우려고 하기 때문이다.

한국에서는 봄이면 흐드러지게 개나리가 피어 고향을 방문한 호주 교민이 이를 가지고 가서 심었더니 아예 꽃이 피지 않았다고 한다. 한국처럼 사계절이 없고 혹한의 겨울이 없으니 잎은 무성하지만, 꽃이 피지 않는다는 것이다. 이러한 현상은 튤립, 히아신스, 백합, 라일락, 철쭉, 진달래 같은 꽃에서도 나타난다. 이를 춘화현상이라 한단다.

인생도 마찬가지로 혹한을 거치지 않은 인생은 풍요로운 삶의 행복을 만끽하기 어렵다.

힘든 직장생활을 마친 후에야 한가로운 노후의 의미를 즐길 수 있다. 봄에 파종하는 봄보리에 비해 가을에 파종해 추운 겨울을 이겨낸 가을보리 수확이 훨씬 더 많을 뿐만 아니라 맛도 좋다고 한다. 같은 인생이라도 고통을 이겨내는 삶이 행복지수를 상승시키는 것이라 여기고 살자.

12

안전이라는 나무

　내가 화학공학을 전공하고 석유 화학회사에 입사해 정신없이 많은 것들을 배워가던 때에는 참으로 재미있었고, 흥미롭고 즐거웠다. 학교에서 미처 배우지 못했던 장치와 배관 속에서 석유와 공기만으로 우리가 입고 즐길 수 있는 나일론 섬유원료와 비료가 쏟아져 나온다는 사실이 마냥 신비로웠다. 운전용 계기 자료만으로 공정 안에서 일어나는 현상을 분석해내는 일에서 시작해 3교대로 운전하는 방법을 터득했다. 기획하고 계획해 공장 건설을 성사시키기 위한 많은 노력 속에서 국내외 많은 프로젝트를 검토(Feasibility Study)했다. 그중에서 사업성이 있는 아이템을 선정해 투자액을 추정하고, 땅을 구입하고, 유닛(Unit)별로 엔지니어링사와 계약을 하고, 설치해가는 과정들이 참으로 재미있었다. 아침에 출근해 마지막 전철을 타고 퇴근하기까지 시간 가는 줄도 몰랐다. 공장이 완성되고 시운전을 하고 제 규격의 제품이 생산되어 나오는 희열이란 그동안의 어떤 고생도 보람으로 다가왔다.

　공장이 안정되고 승진을 하면서 교대 과장을 거쳐 환경과장으로 발령받았다. 입사 초기에 우연히 취득한 공해관리기사 덕분이었다. 환경이란 내가 나고 자란 환경을 지키는 일이라는 생각으로 환경보전법에서 정한 기준을 지키기 위해 끙끙대던 현실에서 회사 기준을 정해 할 수 있는 모든 노력을 다한 결과 1년 만에 법을 위반하는 일이 거의 없어졌다.

그런데 그 당시 안전은 조직은 있으나 관리는 없는 수준으로 산 재율이 5% 수준 이상인 상황으로 경영진의 골칫거리였다. 윗사람들은 골치 아픈 환경문제가 발생하지 않으니 내가 대관업무를 잘하는 사람으로 인식을 했는지 안전과장으로 발령을 냈다. 그때까지 안전은 대관업무가 대부분이었고 내부 안전관리 문제는 법적인 사항 관리 정도였다.

안전이라는 단어 자체가 생소했던 내가 안전과장으로 앉은 지 1주일 만에 현장 용접작업사가 옆에 있던 빈 드럼통을 가져다놓고 올라가 2m 정도의 'Pipe Rack(배관이 지나가도록 현장에 설치한 긴 선반)'에서 새고 있는 배관을 용접하다 빈 드럼통이 폭발하는 바람에 공중제비를 돌아 의식을 잃고 쓰러진 사고가 났다. 연락을 받고 출동해보니 의식은 없는데 현장을 지휘해야 할 나는 공황상태에 빠져 아무 생각도 없었다.

갑작스레 한 직원이 나타나더니 이 친구를 업고 의무실 쪽으로 뛰는 것이었다. 이때까지도 나는 무엇이 잘못되었는지 몰랐다. 사고를 막기 위해서는 어떻게 해야 하는지도, 이런 상황에서는 어떻게 조치해야 하는지도 몰랐다. 아무리 생각해도 모르겠고 주변에 평생 안전을 했다는 직원들에게 물어도 내가 이해할 정도로 확실한 대답을 하는 사람이 없었다. 참으로 답답하고, 자괴감이 드는 자신이 한심스러웠다. 이러다가는 나 때문에 전 직원을 장애인으로 만드는 것은 아닌지 고민하다 도서관에 가서 공부하기 시작했다. 공부하면서 책에서 본 내용을 현장에 적용해 실천하기도 하고, 의욕적으로 실행했다. 공부한 내용은 착실히 자격증으로 마무리하고 실무에 도입해 그 성과를 확인하기도 했다. 서서히 성과로 나타나 사고는 줄고 전 직원들은 나의 진심을 이해하기 시작했다.

안전이라는 나무는 자라 3년 무재해기록이 되니 다시 다른 부서장으로 전근되었다. 2년 동안 그 자리를 떠나 있으니 다시 탱크가 터지고, 사망사고가 나서 나름대로 그동안 쌓아온 대관 문제 수습을 위해 동분서주해야 하는 상황이 발생했다. 안전은 미친놈이 있어야 막아진다는《TSM(Total Safety Management)》이라는 책에서 읽었던 기억과 어느 젊은 과부의 울부짖는 부탁을 듣고 10년 동안 무재해 운동을 실행해 성공적으로 실천해낸 사장님의 그 간절함을 아직도 존경하고 지금도 전국의 산업현장에서 안전이라는 나무를 잘 키워내고 있는 현장의 안전관리자들과 이를 위해 희생을 감수하고 계시는 모든 이들을 존경하고, 감사를 드린다.

그러나 안전이라는 나무는 한시만 방심해도 고사 위기에 몰리고 저 혼자 자라지 않는다. 누군가의 관심과 배려, 끊임없는 노력과 희생이 있어야 성장하고 자란다.

'꽃밭을 철저하게 망치는 데는 어떤 노력도 준비도 필요치 않다' 그냥 그대로 얼마간만 방치하면 누구도 알아볼 수 없을 정도로 꽃밭은 망가진다. 중대재해처벌법이 시행되어 기업이 아우성을 치고 있다. 아니 기업주가 아우성을 치는 상황이 되었다. 그러나 아무도 우리 회사가 중대 재해를 예방해야 하는데 어떻게 해야 하는지? 물어오는 사람은 없다.

중대재해처벌법은 '중대 재해를 예방하고 시민과 종사자의 생명과 신체를 보호함을 목적'으로 하는 법이다. 어찌해서 재해를 예방하는 방향으로 작용하지 못하고 처벌을 면하기 위한 노력을 하도록 기능하고 있는지 이 법을 제정한 분들에게 묻고 싶다. 안전과 사고는 하루아침에 해결되는 문제는 아니다. 그러나 해결할 수 없는 것은 더욱이 아니다. 무재해 운동이 이를 입증하고 있고, 지금도 현장에서는 안전관리자의 피나는 노력으로 사고가 획기적으로 감소한 사업장 사례는 무수히 많다.

사고가 줄지 않는 사업장에 가보면 사고를 줄이지 못하는 무수히 많은 이유가 존재한다. 사고가 없는 회사는 그 이유가 단순하고 어떤 리더의 강력한 의지가 계속해서 작동하고 있음을 쉽게 찾을 수 있다. 누군가 안전을 진실로 원한다면 우리 회사에서 가장 의욕적이고, 적극적인 인재를 찾아 안전을 맡겨야 한다. 이것이 안전분야 리더의 덕목이다. 사고를 수습하는 사람이 아닌 사고의 길목을 차단하고 나설 수 있는 사람 말이다. 안전은 미리 준비해 분석하고, 원인을 찾아 하나씩 제거하고, 모든 구성원이 나서서 자신과 동료의 안전을 챙길 수 있도록 관리시스템을 구성하고 임무를 부여해 그 성과를 평가해 상벌을 공평하게 할 수 있는 안전문화를 형성해나가야 서서히 그 결과가 나타나기 시작한다. 중대 재해라는 결과만으로 기업주를 처벌하는 현재의 중대재해처벌법만으로 중대 재해를 막을 수 없다. 안전은 투자가치가 충분한 사업이라는 공감대가 필요하다.

처벌은 기업의 평상시 안전 노력을 미리 정해진 객관적인 기준을 반영해 가감할 수 있도록 해야 한다. 법률가의 노력에 의해서가 아닌 자발적인 노력과 사고로 나타난 결과치, 전문가들의 평상시 그 기업에 대한 평가 점수, 사회적인, 법적인 합의에 따라 개괄적으로 평가되어 관리되고 있는 객관적인 수치에 의해 수학 공식처럼 양형이 정해지도록 관리해야 사람의 생명과 신체를 보호함을 목적으로 하는 법 취지를 달성할 수 있을 것이다.

그래야 그 목표를 달성하고자 노력이 구성원 모두에게서 시작될 것이고, 노력하지 않고 요행을 바라거나 책임을 전가하고, 처벌을 면하려는 노력이 사라질 것이다.

다시 말하지만, 안전은 노력한 만큼 좋아지지만, 노력이 멈추면 곧바로 회귀한다. 따라서 안전문화로 자리 잡아야 지속해서 나아질 수 있다. 사고는 날 수 있다. 모든 사고를 막을 수는 없다. 그러나 최소한 원시적인 사고(우리가 모두 막을 수 있는 사고)는 충분히 막을 수 있다. 대표적으로 추락, 낙하, 비래, 협착 등의 사고 말이다. 법에 명시된 위험요인 방치로 일어나는 사고, 근로자들의 거듭된 경고를 방치해 일어나는 사고, 누구나 알 수 있는 위험을 간과해 일어나는 사고, 고지했으나 부주의해서 일어나는 사고 등은 반드시 책임자를 처벌하는 공감대를 형성해야 한다. 인간의 생명을 돈으로 계산하는 기업들 말이다. 매년 몇 명의 사상자를 내고도 개선하지 못하고, 계속해 사회에서 지탄받는 기업에는 반드시 이를 묵인하는 누군가가 있다. 이를 개선하는 노력은 사업주와 규제 당국의 노력으로 할 수 있다. 나는 많은 기업을 방문해 안전문화를 점검할 기회를 얻는다. 사업장 리더의 안전수준은 그 사업장의 안전수준과 거의 일치한다. 그렇다면 그 수준에 따라 상을 받거나, 책임을 지는 것은 당연한 것이 아니겠는가?

제**4**장

노후의 삶

노후에 필요한 것들

　나이가 들면서 필요한 것들이 많지만, 그중에서도 돈이 없으면 자신감도 떨어지고 활동성도 떨어진다. 돈은 모아놓는 것도 중요하지만, 부동산이나 통장에 넣어놓은 돈은 노후에 큰 도움이 되지 않는다.

　회사 다닐 때 부자로 소문난 동료들이 있었다. 이제 와 보니 부동산을 보유만 하고 현금은 통장에 넣어놓고 자녀들에게 용돈을 타 쓰거나, 또는 부동산은 자녀 명의로 이전해주고 사용할 현금 없이 고생하는 졸부가 되었다. 통장에 있는 돈이 줄어들면 망하는 기분이 들어 못 쓴다니 추운 겨울을 살아온 세대의 쓸데없는 노파심이 아닐까.

　그래서 은행에 있는 돈을 모두 일하도록 바꿔주었더니 마음의 여유가 생기고, 사는 날까지 돈 걱정 없이 살 수 있게 되었다고 하니 한 번쯤 검토해볼 일이다.

　나이가 들면 은행에 있는 돈은 돈이 아니다. 천 년을 살 것처럼 아직도 이자만 내 돈으로 생각하며 사는 군상들이 많다. 하지만 이자에 대한 세금을 내고 나면 충분하지 않은 경우가 많다.

현금이 없으면 친구도 만나기 어렵고 취미활동도 제대로 할 수 없으니 혼자서 하는 일 말고는 할 것이 없다. 돈은 많이 있을 필요는 없지만 쓰는 데 부족함이 없어야 한다. 가능하면 급여생활자처럼 매달 일정 금액이 입금되는 옹달샘이면 좋다. 사용하고 남아 조금이라도 저축할 수 있으면 충분하고, 목돈을 써야 할 때 쓸 수 있다면 괜찮다. 나이 먹으면 가는 곳마다 원로, 고문, 어르신의 위치이니 지갑을 열어야 대접을 받는다. 큰돈은 아니지만, 부담 없이 시의적절하게 일정 금액을 쓰고, 낼 수 있어야 한다.

또한 건강해야 한다. 건강하지 않고 싶은 사람이 있겠는가마는 건강에 해로운 짓은 절대로 하지 말고, 건강에 좋다면 열심히 해야 한다. 주변에 건강하다고 큰소리치며 매일 술 마시고, 담배 피우던 사람 몇 명은 이미 저세상 사람이 되었다.

내가 건강한 것도 중요하지만 반려자도 건강해야 한다, 동년배 중에 부인의 건강이 좋지 않아 간호한다고 집안에 들어앉아 사회생활을 접은 사람도 있고, 먼저 떠나보낸 사람도 있다. 혼자되어 처음에는 신나게 나돌더니 식생활이 일정하지 못해 그런지 본인의 건강도 나빠지고 나이가 들어가면서 한없이 초라해져가는 모습은 보기 안타깝다. 서로를 소중하게 생각하고 내 건강은 물론이고 부인의 건강도 챙겨야 행복한 노후를 맞이할 수 있을 것이다. 이제라도 서로에게 감사하고 스트레스를 줄 만한 말이나 상황을 만들지 말아야 한다. 각자가 좋아하는 취미활동을 하면서 만나면, 즐겁고 행복한 시간을 만들어야 한다.

직장인들이 일에서 해방되면 할 일이 없어진다. 일을 그만두면

하고 싶은 것도 많았고, 할 일도 많았는데, 그때 했어야 하나보다.

젊은 날 많은 취미활동을 한 사람도 있지만 일에 쫓겨서 변변한 취미생활을 즐기지 못한 사람에게는 할 일이 없다. 부인만 귀찮게 하고 따라나서려고 하면 삼식이가 되고, 서로가 스트레스만 쌓여 결국에는 황혼 이혼의 대상이 될 수 있다.

이제라도 남은 인생은 나를 위해 살아야 한다. 그동안 하고 싶었던 것을 하고, 노는 것도 배워야 한다. 낚시도, 등산도, 운동도, 바둑도, 당구도 처음부터 배워야 한다. 그러나 나이 들어 무언가를 배운다는 것이 쉽지는 않다. 주변에는 여행 작가로 나선 사람도 있고, 사진작가, 스마트폰 활용 강사, 한자 강사, 효 강사로 나선 사람도 있다. 당구대학에 간 사람도 있고, 탁구교실에 등록한 사람도 있다. 아내를 따라 탁구 동호회 모임에 가보면 나이 들어 배운 분이 대부분이라 몇 달에 한 번씩 가는 나조차도 이길 수 있는 사람이 많지는 않다.

굳이 작가가 아니어도 최근에는 유튜브(Youtube)에서 활동하면서 수익을 창출하는 사람도 있다. 무엇이든 본인이 좋아하고 열심히 하다 보면 강의할 기회도 생기고, 같은 취미를 즐기는 동료도 생겨 여유롭고 즐거운 노년 생활을 즐길 수 있다.

지금까지 알고 지내던 직장동료와 술친구는 이제 연락도 어렵게 되고 연락이 끊기면 사람도 멀어진다. 새로운 모임에서 만나는 동료와 회원이 현재의 친구이고 동료이니 연결된 기간은 앞으로 받을 생각은 하지 말고, 그동안 여러 사람에게 받았던 감사한 마음을 갚는다는 마음으로 애경사 모임에도 적극적으로 참가한다. 함께 어울리는 노력이 있어야 동화되고 스스로가 즐겁다. 지인 대부분은 나이가 들어도 애경사는 상부상조라고 생각한다. 본인은 받은 일도 받을 일도 없어도 현재 모임 동료들의 애경사가 생기면 모든 분이 5만 원은 기본으로 한다. 그런데 어떤 사람은 본인은 가지도 않고 2~3만 원을 보내 동료애가 식어버리는 경우를 봤다. 아예 안 한다면 모르겠으나 한다면 주변 동료와 같은 금액을 해야 하고, 주변 동료와 같이 찾아뵙고 정중히 인사드리는 예를 다해야 한다.

사람이 살면서 어찌 항상 이익만 보면서 살겠는가? 이제 모든 것을 내려놓고 나이나 사회에서의 직위, 현재 상황 상관하지 말고 같이 이야기 나눌 수 있는 벗이면 충분하지 않은가? 앞으로 나이를 생각하면 만날 수 있는 사람은 점점 줄어든다. 과거 지위를 생각하면 배울 수 있는 사람은 없어지니 오늘 내가 만나는 젊은이에게 감사하고, 양보하는 마음 자세를 가져야 한다. 항상 존경하고 배우고 익히는 자세를 잃지 말아야 건강한 삶을 누릴 수 있을 것이다.

아무리 좋아하는 취미도 혼자 즐기면 재미가 떨어진다. 공공기관 기관장에서 퇴직한 후배는 선친에게 물려받은 재산도 있고 본인도 재테크를 잘해 여유 있는 노후를 즐긴다. 그런데 취미도 없고, 혼자서 할 일도 없으니 매일 이곳저곳 산책하면서 전화기 카메라로 산책 중 풀꽃 사진 올리는 것 말고는 하는 일이 없다.

매일 일어나 산책을 하는 것이 일상이니, 언젠가 오후에 안부 전화를 했더니 "이 새벽에 무슨 일이에요?" 하고 나를 놀라게 하던 백수가 바람직한 노후는 아닐 것이다.

돈도 건강도 취미도 나 혼자라면 무슨 의미가 있겠는가? 좋은 이웃이 있고 동료들이 있어야 한다. 지금 옆에 있는 사람을 소중하게 생각하고, 아끼는 마음을 갖고 한없이 베풀어야 한다. 이들과 멀어지면 이런 좋은 분을 어디서 언제 다시 만날 수 있을까?

젊었던 시절 언제라도 찾으면 주위에 그 많던 사람들이 이제는 가까이 만날 수 있는 사람이 얼마 되지 않는다. 이들을 위해 내가 가진 것을 아낄 이유가 없다.

인생의 열매는 가을보리같이 겨울 추위가 혹독할수록 더욱 풍성해지고 견실해지는 것이니 지금의 고난이 힘들수록 강인해지고, 향기로운 맛이 나는 인생이 아닐까 위안으로 삼아라.

작금의 현실에서 겪는 젊은이들의 고통이 내가 젊은 시절에 겪었던 고통보다 결코 쉬운 것 같지 않으니 그동안 우리 기성세대가 살기 좋은 세대를 만들지 못했음에 미안한 생각이 든다.

앞으로는 늙은이만 늘어나고 일할 수 있는 젊은 사람이 줄어든다고 한다. 미래 세대들이 감당해야 할 국가 부채를 무서운 줄 모르고 늘리고 있는 정치인들이 걱정스러운 것은 나만의 기우일까?

여유와 노후

사람이 산다는 것이 긴 여정인 것 같지만 지나고 나면 순간이요, 일장춘몽이 아니던가?

꿈을 향해 아무것도 모르면서 멋만 찾아 나서려던 어린 시절도 있었고, 힘든 학창시절 날 새우며 공부하던 그런 세월도, 취직이 안 되어 피를 말리던 시절도, 일에 차여 주말을 몽땅 반납하고 분주하던 때도 있었지만 지나고 나면 그것도 하나의 아련한 추억이다.

이제는 참으로 한가하고 여유로운 노후를 계획하고 즐기면 되는 것을 아직도 무엇에 그리 집착해 한없이 고민해야 할까? 가만히 앉아 커피 한 잔 마시며 상념에 잠긴다.

미련 없이 내일이라도 떠난다고 생각하면, 지금 바로 출발해도 하나 아쉬움이 없을 법한데 훌쩍 떠나지 못하고 남은 일들을 가득히 안고 하루하루 아등바등하는 모습이 안타깝다.

이제부터라도 마음의 여유를 갖고 남은 인생을 즐겨야 한다. 서두르지도, 조급해하지도 말고 하고 싶은 것을 찾아 나름의 이정표를 세우고 천천히 출발해 나아가야 한다. 가다가 목적지에 이르지 못한다 해도 가는 과정이 충분히 아름다울 수 있으니 그 순간에 만족하면서 쉬지 않고 가면 충분하다.

그동안 이루어놓은 것만으로도 충분하고 만족스럽지 않은가? 옛날 우리네 조상님처럼 유복자가 있는 것도, 못다 키운 자식들이 있는 것도 아니고 내 몫은 충분히 했으니 이제 나를 위해 그동안 다하지 못한 사랑을 해야 한다. 내 옆을 지킨다고 앞뒤 보지도 못하고 끙끙대던 아내를 위해 남은 사랑을 전해야 한다. 가슴속에 묻어두고 미처 전하지 못한 감사의 마음을 더 늦기 전에 모두 전해야 후회가 없을 것이다. 서둘지 말고 천천히 마음을 담아 하나씩 시작해야 한다. 그것이 힘들다면 충분히 연습한 후에 마음에서 우러나는 진심을 담아 상대에게 전해야 한다. 그동안 내가 좋아하는 것을 위해 지금까지 달려왔다면, 이제라도 내가 사랑하는 사람을 위해 한껏 여유를 부려보는 것도 나를 행복하게 하는 것이 아니겠는가. 당신이 원하는 것을 위해 내가 갚아가겠다고 다짐하면서 말이다.

아직도 인생이 남아 있다는 것에 감사하면서 지금부터는 서두르지도 또 게으르지도 않게 준비하고 배우면서 하나씩 해보는 거다. 그것이 나를 기쁘게 하고 즐거운 일이라면 무엇이라도 좋다.

텃밭에 상추를 심고, 가지도 심고, 오이도 심는 자연인이어도 좋고 카메라를 메고 버스에 몸을 싣고 무작정 떠나는 국내외 여행도 좋고, 차에 낚싯대를 싣고 달 방을 얻어 떠나는 보름 정도 살아보기 집시 여행도, 해외 어느 도시에 한 달씩 살아보는 유목민 생활도, 순례길 걷기도 좋다. 내가 좋아하고 아내가 좋아하는 것이라면 어떤 것인들 마다할 이유가 없지 않은가? 젊은 시절에는 월급이라는 목줄에 묶여 할 수 없었던 것들을 이제라도 해보면 되고, 할 수 있지 않은가? 돈이 충분하지 않을지 몰라도 시간은 충분하지 않은가? 이것만으로도 우리는 자유롭게 생각하고, 있는 것부터 즐겨야 한다. 없는 것을 계속해서 찾아봐야 이제 와서 어찌한단 말인가? 있는 것을 만끽하면 충분하다. 그것이 여유고 낭만이 아니겠는가? 젊은 시절 나는 아무 때나 배낭만 등에 짊어지면 어디라도 갈 수 있었다. 그러나 지금은 친구가 있어야 하고, 계획이 있어야 하고, 숙소를 예약해야 하고, 많은 핑계와 이유를 대면서 떠나지 못한다. 마음을 젊게 갖는다면 지금이라도 하고 싶었던 모든 일을 할 수 있지 않겠는가? 그것이 무엇이라도 더 늦기 전에 해보는 거다.

이제부터 나에게는 시간이 있다. 그래서 시간 부자가 아닌가? 못하는 이유를 찾지 말고 하고 싶은 것을 찾으면 된다.

젊은 날 내가 그리도 하고 싶었던, 하지만 시간이 가난해서 할 수 없었던 것을 이제라도 해야겠다. 꼭 계획을 세울 필요도 없이 가벼운 마음으로 괴나리봇짐 하나 지고 나서보면 어떨까.

그곳이 어디여도 좋다. 이제는 시간 부자이니 어디라도 마음에 들면 몇 날이라도 있으면 되고 싫어지면 다시 길을 나서면 된다. 굳이 한 곳에 목적지를 정해 정착할 필요도 없고, 사람들이 좋으면 오래 머물러도 좋다. 텐트 하나, 코펠 하나 짊어지고 산에 정착한 자연인도 충분히 만족하면서 살아가는데 그에 비하면 내가 가진 것은 너무나 많은 것이 아닌가?

이보다 더 많은 무엇인가를 바란다면 행복지수만 하락할 뿐이다. 누구하고 비교도 하지 말고 욕심만 버리면 나는 충분히 행복하다.

지금까지 살아오면서 너무나 여유가 없었나보다. 돈도 아내가 쥐여주는 용돈만이 나의 전 재산이었다. 회사에서 주는 월급이라는 쇠사슬에 단단히 묶여 119 구급차 사이렌 소리에도 회사에 무슨 일이 일어난 것이 아닌지 잠을 깨어 전화를 해보는 그런 삶이었다.

이제는 여유를 부려도 충분할 만큼 시간이 자유롭고, 어차피 남은 인생을 내가 좋아하는 어디서 살아도 충분하지 않은가. 좋은 이웃이 있고 새로운 사람을 만날 수 있다면 그 또한 즐거운 것이 아닌가. 까마득히 잊고 지내던 친구도 좋고 새로 소개받은 사람이라도 만나 무엇인가 새로운 이야기를 나눌 수 있다면 그도 좋을 것이다.

지금까지 살아왔던 방식이 아닌 유목민의 삶도 한 달 살아보기도, 처음 보는 시골길 걷기도 저 먼 섬마을 걷기도 모두가 충분히 아름답고 해볼 만하다.

나는 서산 석유화학 공단에 갈 일이 많다. 먼 길이라 약속 시각보다 최소한 1시간 정도는 미리 도착해 공단이 가까운 삼길포항 주차장에 차를 주차하고 시간을 맞추고는 했다.

그곳에는 항상 크고 작은 텐트와 숙소로 개조된 차량이 정차해 낚시도 하고 몇 사람이 모여 식사도 하면서 즐기는 광경이 목격되고는 했다. 항구에서 멀리 조성된 낚시터에 입장료를 내고 배를 타고 들어가는 사람도 보이고, 밖에서 낚싯대를 드리우고 시간을 낚는 한가로운 사람들도 있어 시간은 지루하지 않게 잘도 흘러갔다. 서두르지도 않고 어쩌다 한 마리가 낚이면 모두가 같이 즐기는 여유가 부러웠는데, 아직도 그런 여유를 생각만 하고 있다.

직장생활에 찌든 인생은 목줄이 풀렸는데도 아직도 완전한 자유를 얻지 못하고 목줄의 범주 안에서만 맴돌고 있으니 완전한 자유를 얻는다는 것이 결코 쉬운 일은 아닌 듯하다.

가난한 사람이 돈이 있다고, 부자가 될 수 없고 돈에 여유가 없는 사람이 복권이라도 당첨되면 3년 이내에 95%가 전보다 더 잘못되었다는 통계가 있다. 좋은 부부관계가 나빠지고, 부모·형제 관계가 악화하는 결과를 초래한다. 그래서 우리는 돈을 버는 것도 중요하지만 부자가 되는 연습부터 하는 것이 어떨까 싶다. 돈이 있어도 여전히 김치찌개가 맛있고, 코스요리는 부담스러워 돈은 쓰는 사람의 것이라 했던가. 이제부터라도 여유가 있는 삶, 바쁘지 않아도 되는 삶, 시간 부자들이 살아가는 방법을 터득해가면서 살아야 여유로운 삶이라 하겠다.

부자란 식당가서 가격표 보지 않고 먹고 싶은 음식을 시켜 먹을 수 있는 사람이라고 했던가. 여수 바닷가 섬에 갔을 때 멋진 스파 펜션이 있어서 가격을 물었더니 1박에 45만 원이란다. 누가 집 놔두고 이런 펜션을 이용할까 생각했는데 8월 말까지 예약이 마감되었단다.

전국 각지에서 예약하고 찾아서 즐기는 문화가 요새 젊은이 문화인가 하면서도 선뜻 예약하지 못하고 돌아서는 우리는 아직도 추운 겨울을 살고 있나보다.

오늘도 아들 가족은 캠핑 장비를 싣고 바닷가에 가서 조개도 잡고 갯벌 체험도 했다고 한다. 다음 주에는 강원도로 간다고 카카오톡 단체 대화방에 뜨는데, 우리도 그런 여유를 배우고 싶다.

03

희망사항과 현실

사람이 살면서 하고 싶은 것도 많고, 사고 싶은 것도 많지만 한 번도 원 없이 하고 싶은 것을 하지 못하고 사는 것이 현실이다. 직장에 다닐 때는 직장에 매여 시간이 나지 않으니 하고 싶은 것을 하지 못했다. 그러나 직장에서 해방된 뒤에도 무엇인가에 꼭 매여 있어 하고 싶은 것을 하기가 쉽지는 않다. 자연인 방송이 시청률 3~4위를 오르내리는 것도 현실에 매여 있는 중년 이상의 로망이 기 때문은 아닐까?

희망하지만 할 수 없으니 대리 만족을 느끼는 프로로 자리 잡고 있어 여러 방송국에서 유사한 프로들을 방영하고 있다. 어린 시절 추억을 더듬으면서 자연인을 희망해보지만 떠나지는 못하는 현실 에 실업자가 과로사한다는 이야기처럼 바쁘기만 하다.

희망사항이 있다면 정리해 하나씩 나에게 선물해보면 어떨까? 계속 망설이다 보면 아무것도 할 수 없으니 이제라도 버킷리스트 (Bucket List, 죽기 전에 꼭 하고 싶은 것들)를 작성해 하나씩 해보 는 것을 권장한다.

친구 중에는 퇴직하고 바로 세계 80개국을 여행하겠다는 목표를 세우고 매년 2~3번씩 대륙별로 몇 개 나라씩 혼자서 여행하고 있으니 대단하다는 생각이 든다. 지역 소방서장에서 퇴직하신 분은 일찍이 캠핑카를 준비해 딸과 부부가 세계여행을 하다가 지금은 코로나19로 국경을 넘는 것이 어려워 중단하고 귀국했다.

욕심이라는 사슬에 묶이지만 않는다면 살면서 못할 것이 없을 것 같지만 인간사가 욕심이 아니라도 쉽게 내 마음대로 나서기가 쉽지만은 않다. 나도 제주도 보름 살기를 마음먹고 준비하고 있지만, 코로나19가 길을 막아 벌써 몇 년이 다 가도록 이런저런 핑계로 나서지 못하고 있다.

한국의 중년은 일하다 죽거나 일을 마치고 죽는다는 웃기는 이야기가 있다. 다시 말하면 자신을 위해 해보고 싶은 것을 해보지도 못하고 결과적으로는 일하다 죽는다는 안타까운 이야기다. 이제라도 할 수 있는 버킷리스트를 정리해 하나둘씩 실천해 나에게 선물해주자.

우리 한 달만 쉴까? 제주도 여행, 남이섬 여행, 프랑스 마르세유, 미국 피닉스, 몰타 발레타…. 캠핑카, 요트, 섬 여행 등 일단 하고 싶은 것을 만들어 실천해보는 것이 중요하다.

하버드대 연구 결과를 보면 뚜렷한 목표를 세운 졸업생 3%의 수입 총액이 목표를 세우지 않은 97%가 벌어들인 수입 총액의 열 배에 달했다고 하니 목표를 기록하고 실천하려는 의지는 얼마나 중요한지 알 수 있다. 마음속으로만 열망하고, 기억하는 것보다 말을 하는 것의 힘이 더 세고, 글로 쓰는 것의 힘은 훨씬 더 강하다. 글로 정리하고, 확인하면서 시신경과 운동 근육을 동원해서 두뇌에 새겨 넣기 때문이다. 이제라도 하고 싶은 것이 있다면 그 것이 어떤 것이든 글로 정리해 목록으로 정리하고 계속 의지를 다 지면서 실천하는 노력이 중요하다.

희망하는 것이 어떤 것이든 준비만 잘한다면 할 수 있다고 생 각한다. 다만 하지 못할 이유를 찾기 시작하면 수백 가지가 될 것 이지만 해야 하는 이유는 단 한 가지다. 이것이 '안나 카레니나의 법칙'이다.

어느 시골 마을에 부자가 살고 있었는데 가진 것은 많아도 매일 집안이 평안하지 않고 가족들 간에 다툼이 많았다. 옆집에 사는 가난한 생선장수 부부는 매일 아이들과 오손도손 참 재미있게 살 고 있었다. 행복하게 사는 이유를 알아보기 위해 그 집을 방문했 는데 팔다 남은 생선 몇 마리를 가지고 와서 구워서 맛있게 나누 어 먹었다. 가족 모두가 서로에게 감사하고, 오늘의 고생을 격려 하면서 웃음꽃이 피고 있었다.

그래서 자기도 생선을 몇 박스 사서 시장에 가서 팔고 제일 좋은 것으로 몇 마리를 남겨서 집에 오니 아내가 고생했다는 말은 안 하 고 쓸데없는 짓을 한다고 투덜댔다. 비린내가 난다고 옆에 오지도 못하게 하면서, 좋은 것도 많은데 하필 팔다 남은 생선을 가지고 와 서 사람을 괴롭힌다고 잔소리를 해대니 어찌 짜증이 나지 않겠는가?

부부간의 금실이 좋은 부부는 대화가 부드럽고 마음이 너그러 운데 사이가 좋지 않은 부부는 대화가 거칠고 주관적이어서 자기 의 행복을 스스로 망가뜨리는 입을 가지고 있는 경우가 많다. 사 이가 좋고 사랑이 넘칠 때 상대에게 잘하는 것은 누구나 다 할 수 있다. 다툼이 있거나 화가 났을 때 상대에게 잘할 수 있는 것이 사랑이고, 존경이고, 인자함이다.

신경질이 난다고 함부로 말을 하는 사람은 진정이 된 뒤에 큰 후회를 하게 된다. 상대가 잘해야 내가 잘할 수 있다는 것은 방법이 아니다. 모든 문제는 나로 인한 것이니 내가 잘하면 모두가 잘하는 것이다. 오늘 내가 한번 잘한다고 모든 것이 한꺼번에 좋아지는 것도 아니다. 항상 마음을 평온하게 갖고 주변의 모든 것에 감사하는 내면의 기쁨이 넘쳐야 입을 통해 온화한 언어가 표현되고 주변의 모두를 온화하게 해 나를 행복하게 한다. 짜증이 가득한 마음에서 터져 나오는 언어가 어찌 좋을 수 있으며 이런 언어에 어찌 상대방이 나를 존경스러운 눈으로 바라보기를 바라겠는가?

내가 평상시 희망하는 사항이 있다면 상대방의 입장에서 먼저 실천해보는 노력이 먼저가 아닐까? 그동안 내가 아내에게 받고 싶은 대접이 있었다면 이제라도 내가 먼저 아내를 위해 먼저 해 주는 것은 어떨까?

"내가 그동안 그토록 회사에서 고생하면서 가족을 먹여 살렸는데, 인제 와서 백수가 되었다고 나를 천대해!"

이런 말을 바꾸어서 "그동안 나는 회사에 다닌다고 당신에게 아무것도 해 준 것이 없으니 이제라도 당신은 푹 쉬고 집안일은 내가 모두 다 할게!"라고 해보자.

말이 바뀌면 인생이 달라지고 집안 분위기가 좋아질 것이다. 그렇다고 오늘부터 내가 이 집 머슴이 되어 집안일을 다하는 것도 아닐 것이고 약속을 했으니 나의 일이 다소는 늘어나겠지만, 그만큼 나의 행복은 커져 있을 것이니 만족스럽지 않겠는가.

항상 이야기하는 것이지만 먼저 취하고 다음에 어쩔 수 없이 갚는다면 그 이름은 도둑이다.

먼저 베풀고 다음에 받거나, 다른 것으로 보상을 받는다면 이 사회가 우러러보는 훌륭한 사람이 아니겠는가. 똑같은 원리이지만 먼저 무엇부터 할 것인지는 모두 나 자신이 결정하는 것이다.

어떤 목표를 설정하느냐에 따라 그 결과는 크게 달라지고 내 인생의 지금은 그 결과일 뿐이니 이제라도 그 결과를 겸허히 받아들이고, 미래의 목표를 설정하고 다시 시작해보자.

남의 인생을 사는 것처럼 주어진 여건에 순응하면서 그냥 살아왔다면 이 정도로도 충분한 것이고, 최선을 다해서 열정을 가지고 열심히 살아왔는데 이 정도라면 주어진 환경 탓이 아니겠는가? 삶에는 내가 어떻게 할 수 없는 부분도 많고, 시작이 잘못되었다면 처음에 바른길을 나선 사람보다 더 좋은 결과를 얻기는 어려웠을 것이니 이 또한 인생일 것이다.

지금까지 어떠한 인생을 살아왔든 그 결과는 내가 책임질 일이고, 이제부터는 내가 계획한 대로 내 인생을 살아보는 것이다. 잘못된 것은 잘하면 되고, 좋은 결과를 맺은 부분은 더욱 발전시켜 후대에 물려주면 될 일이다. 나를 괴롭혔던 모든 것들이 나로부터 기인했다는 사실을 깨달았다면 이제부터라도 나를 행복하게 하는 방법으로 바꾸면 되는 것이다.

알면서도 고치지 못하면 앞으로도 고통을 매일 만들면서 상대를 괴롭히고, 내가 불행해지는 삶이 기다릴 뿐 아무도 해결해주지 못할 것이니 누구를 탓할 것인가?

부정적인 말과
긍정적인 말

삶을 살아가면서 많은 사람을 만나고, 그중에서 대부분 사람은 스쳐 지나가고 기억에 남지 않는다. 하지만 잠깐의 만남에도 인사를 나누고 깊은 교류를 하면서 친해지기도 하고 소원해지기를 반복한다. 짧은 순간에 나누는 대화 몇 마디에 그 사람의 인상이 결정되고 친구가 되기도 하고 그냥 지나치기도 한다. 나는 긍정적인 사람을 좋아한다. 고 정주영 회장이 동전에 그려진 거북선을 제시하고 선박 수주를 따냈다는 일화를 좋아한다. 안 된다고 못 한다고 하는 직원에게 '해보기나 했어?'라고 호통치던 것이나, '큰 모험 없이는 큰 발전도 없다'라던 회장님의 긍정적인 생각을 좋아한다. 사업가는 그래야 한다고 생각한다. 미리 안 된다고 생각하면 될 것이 없다. 하면 된다고 생각하고 문제를 하나씩 해결해나가면 안 되는 것이 있겠는가.

나는 직원 중에서 한마디로 안 된다고 모른다고 이야기하는 사람이 가장 싫다. 그런 사람은 하기도 전에 이미 할 수 없기 때문이다. 우리는 당장 할 수 있는 것이 그리 많지 않다. 해본 것도 특히 잘했던 기억도 많지 않다. 우리가 살아가면서 만나는 대부분은 전에 해본 적이 없는 새로운 것들이다. 그러나 못할 것도 없다고 생각한다. 지금도 가끔은 후배들이 일을 맡았는데 잘 모르는 부분이 있다고 찾아온다. 전부를 모른다면 안 되겠지만 프로(돈을 받고 어떤 일을 한다면 프로다)는 어떤 일을 해도 최선의 결과를 만들어야 한다. 그렇다고 모든 것을 완벽하게 알아야 하거나 항상 잘할 수 있는 것도 아니다. 하지만 결과는 완벽해야 한다. 내가 받은 돈에 연연하지 말고 이 세상에서 그 일을 가장 완벽하게 해야 하고, 내가 할 수 없다면 할 수 있는 분을 찾아서, 누군가 경험한 분이 써 놓은 책을 찾아서 충분히 익히는 대가를 지불하고 배우면서 마무리하라고 조언한다. 그래도 완전하지 않다면 완벽하게 할 수 있는 분의 도움을 받아서 하고, 가능하다면 다음부터 내가 하면 되고 내가 할 수 없는 분야라면 계속해 그분의 도움을 받으면 그것이 내 성과로 연결되어 내 품질이 올라간다.

많은 대가와 노력을 지불하고 배운 기술일수록 가치가 높고 다음에 내가 받을 수 있는 대가도 커진다. 한 번 일을 제대로 배우면 다음에는 최고의 품질을 만들 수 있는 노하우가 생기고 그 학습이 어찌 돈으로 판단할 수 있을 것인가?

내가 잘할 수 없다면 전문가의 도움을 받는 일을 주저할 필요가 없다. 내가 할 수 없는 일에 시간을 낭비할 필요도 없다. 이런 경우에는 교습비 일부는 내가 부담하고, 일부는 나에게 일을 준 회사에서 부담해 내가 배울 수 있으니 얼마나 좋은 기회인가? 기회가 될 때마다 새로운 것을 배워 나간다면 모르는 분야, 잘하지 못하는 부분은 계속해 줄어들고 결과적으로는 모든 부분을 완벽하게 할 수 있을 것이다. 긍정적인 사람은 계속 발전해 멈추지 않고, 부정적인 사람은 자기가 알고 있거나 할 수 있는 범위에 갇혀서 한 발짝도 앞으로 나아가지 못한다. 성공한 사람은 긍정적이고 적극적인 사람일 경우가 많다. 항상 새로운 것을 찾아보고 연구하고 배워 자기 것으로 만드는 사람이 성공할 수 있다. 공부를 많이 한 사람보다 어떤 한 분야에 집중해 연구하고 훈련하며 연습해 자기 것으로 만드는 것이 중요하다.

운동에서도 젊었을 때는 엘리트 선수들이 월등하게 잘하지만, 나이가 들어 생활체육으로 넘어가 이순부가 된 후 부서(나이)별 랭킹을 보면 엘리트 선수들이 상위 랭킹을 차지하는 경우가 드물다. 여러 가지 이유가 있겠지만 배웠던 것을 계속해서 좋아서 연구하고 연마하는 사람을 따라가기 어려운 결과다. 나이 들면 박사보다 밥사가 상위에 있다는 유머도 그 이상의 의미가 있는 반면교사가 아닐까.

특히 어리거나 젊은이들에게는 부정적인 말을 삼가야 한다. 어린 시절 어른에게 들었던 긍정적인 격려 한마디가 인생을 바꾼 일화는 대단히 많다. 사람이 모든 것을 다 잘할 수 없다는 것은 당연한데 못하는 것보다는 잘하는 부분을 찾아 칭찬하는 습관을 길러야 한다. 특히 자라나는 어린이들에게 어른이 던지는 긍정적인 말 한마디는 훗날 인생의 전환점이 되어 큰 도움이 될 수 있으니 어린이 지도 분야에서 일하는 분은 명심해야 할 것이다.

이제라도 자신이 좋아하는 무엇인가를 찾아서 일신우일신(日新又日新) 한다면 아직도 많은 시간이 있으니 못 이룰 일이 있겠는가.

친구들을 만나면 못하는 이유로 나이 탓을 하는 사람이 있다. 《백 년을 살아보니》라는 책을 쓰고 최근에도 강의를 다니시는 100세가 넘으신 어른을 보면서 '아직도 살아가야 할 긴 세월을 나이를 탓하며 죽어갈 것인가?' 하는 의문이 든다.

현재 인생 이모작을 준비하고 있는 퇴직자이거나, 아직 현직에 있는 예비퇴직자가 건강하다면 앞으로 살아가야 할 세월이 지금까지 살아온 날들보다 더 많을 수도 있다는 긍정적인 생각으로 지금부터라도 다시 시작해보는 것이 중요하다.

나이는 숫자에 불과하다는 생각으로 도전하고, 젊었을 때 공부하던 열정만 있다면 나이는 핑계일 수 있다. 물론 그때 열정이 남아 있지는 않겠지만 의지만 있다면 못 할 것도 없다.

88세까지 오전에 운동하고 저녁 수면에 들었다가 일어나지 못하고 떠난 소강 선생이나 울산에서 95세까지 매일 시내버스를 타고 운동장에 출근해 테니스를 즐기시던 어른이 집에서 샤워하다 넘어져서 병원 입원 하루 만에 가신 경우처럼 무엇인가를 열심히 한다는 것은 건강도 챙기고 기쁨도 누리는 말년이 될 수 있을 것이다.

정확한 통계는 아니지만, 부정적인 언어를 사용하는 사람보다 긍정적인 언어를 사용하는 친구들이 더 건강하고, 훨씬 활력이 넘치고 생활에 여유도 있다.

부산은 65세 이상 인구비율이 2021년 8월을 기점으로 20%를 넘어 초고령사회에 들어갔단다. 수명연장으로 노인 인구는 점점 늘어날 수밖에 없고 상대적으로 소외됐던 복지, 일자리, 돌봄 등 노인 문제는 중요한 사회 이슈로 대두될 것이다. 2015년 14.6%이던 부산의 만 65세 이상 노인 인구비율이 6년 반 만에 20%를 상회하는 초고령화 사회로 넘어갔다.

　2020년 우리나라 65세 이상 고령 인구비율은 16.4%로 5년 후면 우리나라 전체가 초고령화 사회로 진입한다. 2050년 우리나라 고령화 비율은 37.7%를 넘어 세계 최고 수준이 될 것으로 추정하면서도 그 대책에 대한 준비는 많이 부족하다.

　아무리 긍정적으로 보려고 해도 오늘날 젊은 세대들에게 너무 많은 짐만 남기는 것 같아 기성세대로서 미안한 마음이 든다. 이제라도 아끼고 보태서 그 짐을 덜어줘야 할 텐데 노인 인구 절반 이상이 극빈자라니 이 또한 큰 문제가 아니겠는가.

　처리해야 할 문제가 이뿐이라면 모르겠으나, 출산율, 자살률, 사고율(산업재해, 교통사고 등) 정부와 공기업 부채, 각종 연금 적자 등 모두가 심각한 문제다. 작게는 10년에서 많게는 40여 년 동안 이 문제를 해결하지 못하고 있으니 정치인들에게만 맡겨서 되지 않으니 국민도 이제는 서로가 양보하면 어떨까 생각해본다.

　문제가 있다면 답이 있을 것인데 이를 해결하지 못하는 것은 의지가 없거나 능력이 없는 사람에게 이 문제를 맡기고 구경하고 있는 위정자의 직무유기는 아닌지 모르겠다.

　작금의 부동산 문제가 누구의 잘못인지는 모르겠지만 20여 번의 대책으로도 문제만 계속 키우는 행태를 보면서 생색내는 사람은 많아도 책임져야 할 사람은 없고, 모두가 남의 탓만 하는 조직의 문제는 아닌지 생각해본다.

　집값이 오르면 누가 좋을까? 집 많은 사람? 집 하나 있는 사람? 집 없는 사람? 세금 걷는 사람? 세금으로 생색만 내는 사람? 좋은 사람은 거의 없고 집을 키우고자 하는 사람도, 집을 옮기고자 하는 사람도 모두 불편할 뿐이다. 집은 내가 살고 싶은 곳에서 사는데 불편함이 없으면 좋을 텐데.

05

칭찬하고 또 칭찬하라

옛날 우리 어머니들은 칭찬에 참 인색했다. 물론 본인이 아주 완벽히 잘하는 부분도 있었고, 더 잘 살아가도록 염려하는 부분도 있었겠지만 칭찬하는 말을 들어본 적이 별로 없다.

혼만 내고 야단만 치는 무서운 어머니요, 시어머니였다. 그리고 나이가 많이 들어 며느리의 보살핌을 받는 나이가 되어도 감사의 의사 표시를 할 줄 몰랐다. 이것이 그 시대 어른의 자세인 줄 알았다.

경영 자문회사 켄블랜차드사 회장인 켄 블랜차드(Ken Blanchard) 박사는《칭찬은 고래도 춤추게 한다》는 책에서 이렇게 전한다. 3톤이 넘는 범고래가 멋진 쇼를 하는 것을 보고 범고래와 관계도 인간 사이 관계와 다르지 않으며, 멋진 쇼를 만드는 비결은 상대방에 대한 긍정적인 관심과 칭찬, 그리고 격려라고 말이다.

TV에서 방영 중인〈세상에 나쁜 개는 없다〉라는 것에서도 보호자의 단호한 거절과 칭찬을 통해서만 훌륭한 개를 만든다는 사실이 계속 훈련되고 있다. 나쁜 개는 보호자의 무개념, 무한 사랑으로 옳고 그름을 판단할 수 없도록 하는 데서 탄생한다. 개나 사람이나 나이에 따라 옳은 것과 잘못을 구분하도록 훈련하고 교육해야 한다.

시도 때도 없는 칭찬은 나쁜 개를 만드는 지름길이다. 칭찬은 잘못된 행동에 대한 단호한 거절로 완성되어야 한다.

칭찬하는 방법도, 잘못에 대한 단호한 거절도 듣는 사람이 느끼도록 해야 효과가 있다. 칭찬 끝에 토를 달지 마라. 칭찬은 칭찬으로 끝나야 한다. 칭찬은 구체적으로 해야 효과가 있다. 물론 잘못에 대한 지적도 명확하고 단호해야 한다.

- 본인에게 직접 하는 것도 좋지만 남을 통해서 하라.
- 공개적으로 하거나 제삼자를 통해서 전달하라.
- 들어보지 못한 차별화된 방식으로 칭찬하라.
- 결과뿐만 아니라 과정을 칭찬하라.
- 예상외의 상황에서 칭찬하라.
- 말, 편지, 문자, 메일, SNS 등 다양한 칭찬방식을 찾아라.

직접 듣는 칭찬도 좋지만 다른 사람을 통해 전해오는 칭찬은 상대를 신뢰하게 만들고 존경하게 한다. 마음에서 우러나는 가식이 없는 칭찬이 좋다. 칭찬하고 돌아서서 뒤에서 다른 말을 한다면 이는 인간관계를 크게 해치는 잘못된 행동이다.

상대의 좋은 부분을 발견하려는 노력 없이는 칭찬할 거리를 찾기가 어렵다. 항상 긍정적인 마음으로 상대의 장점을 찾고 배우고자 한다면 상대에 대한 좋은 감정도 생기고 나의 긍정적인 에너지가 될 수 있다. 살면서 어찌 좋은 사람만 있겠는가? 나에게만 좋은 사람을 만나기는 어렵지 않다. 사람들은 자신을 스스로 좋아하는 사람을 좋아한다. 내가 그 사람을 좋아하고 장점만을 볼 수 있다면 어찌 좋은 사람이 없겠는가. 999번을 잘해도 한 번의 잘못된 감정표현으로 인간관계는 크게 나빠질 수 있다. 특히 나와 가장 가까운 사람에게 내 기분이 나쁘다고 감정표현을 심하게 하는 것을 자제해야 한다. 주변에는 신혼 초기에 며느리와 아주 나쁜 관계를 만들어 아들을 만나지 못하는 사람이 있다. 딸 같은 며느리는 세상에 없다. 내가 엄마 같은 시어머니가 될 수 없으니 딸 같은 며느리도 될 수 없는 것이다. 내가 먼저 다가가 딸처럼 사랑해주어야 한다. 딸은 감정표현을 해도 곧 돌아오지만, 며느리는 한 번의 심한 감정표현만으로도 남이 되어 돌아올 수 없다는 점을 알아야 한다. 며느리는 항상 칭찬만 가능한 사이라는 사실을 명심해야 아들을 자주 만날 수 있다. 시가집은 항상 오고 싶고, 항상 기쁨만 있는 곳이어야 한다. 단 한 번의 감정 섞인 호통으로도 가족관계를 해칠 수 있다는 사실을 명심해야 한다.

　명절에 아들 혼자 또는 손자만 데리고 내려오는 아들이 있다면, 지금이라도 내가 무슨 잘못을 하진 않았는지, 감정표현을 잘못해 고통받고 있지는 않은지, 앞으로는 어떻게 해야 하는지 곱씹어볼 필요가 있다. 물론 못 오는 이유가 여러 가지겠지만 내면의 이유는 오고 싶지 않고, 오면 불편하다는 것이 아니겠는가?

　가고 싶고, 보고 싶고, 오면 즐거움이 배가되는 그런 여행길이라면 가족이 같이 움직이는데 어찌 마다하겠는가? 시가에 오면 몸과 마음이 고단하지만, 칭찬이 넘치고 부담은 없고 금전적으로 여유를 얻어가는 그런 기쁨을 만들 수 있도록 하면 어떨까?

올해부터 내가 맡아 지내왔던 제사를 아들에게 인계했다. 흔쾌히 맡아하겠다는 아들 내외에게 감사한 마음도 들어 처음 맞이하는 올해 제사에는 내가 찾아가겠다는 조건을 달았다.

아내는 인계했으면 알아서 하도록 맡겨야지 왜 굳이 방문해 불편하게 한다는 거냐고 볼멘소리를 하는데도 나 나름대로는 생각이 많다. 내가 독립하면서부터 맡아왔던 제사를 아들 혼자서 지내도록 하는 것도 미안하고, 조상에 대한 부담까지 안겨주니 며느리에게도 미안해 나름대로는 현금을 약간 준비해 그 미안함을 덜어내고자 하는 마음도 있었다.

독실한 기독교 신자인 아들 내외는 저녁을 마치고 한참 대화를 나눈 후 온 가족이 모여 앉아 기독교 식순에 의해 추도식을 준비한다. 어린 손자들을 포함해 가족 모두가 순서에 따라 조상에 대한 감사 기도를 올린다. 조상님들에 대한 과거사를 내가 전해줄 수 있는 식순도 있어서 "라떼는(나 때는)"으로 시작되는 옛날이야기 들려주고 다음 날 내려왔다. 이를 진행하는 방법에 대해서는 내가 판단할 일은 아니다. 과거에는 유교식으로 해왔고, 나는 무교라 보고 듣고 배운 대로 정성을 다했지만, 지금은 그들만의 방식으로 정성을 다해 조상에게 감사한다면 틀리고 맞고의 이분법적인 판단은 맞지 않는다고 생각하기 때문이다.

방법의 차이는 있을 수 있지만, 조상에 대한 마음은 하나도 다르지 않아 감사하는 생각도 같고, 기리는 마음도 항상 변함이 없으니 틀린 것이 아니지 않은가.

문제는 내 방식이 옳고 네 방식은 틀리다는 사고방식으로 가족 간에 화합을 해치고 만나지 못하는 안타까운 상황을 만들지는 말아야 한다. 기일에 큰 형님은 기독교식으로 추도식을 하고, 동생은 부모님을 향한 감사의 뜻으로 절을 하고자 하는데, 형님이 이를 받아들이지 않아 따로 제사를 지내는 상황이 되어 형제들과 사촌 간에 만나는 기회를 박탈하고 반목하기를 예수님도 조상님도 바라지 않는다는 것이다.

세상에는 많은 사람이 있고, 살아가는 방법 또한 다양해 정도가 정해진 것도 아니니 본인이 알고 있는 방법으로 살아간다면 큰 문제는 없을 것이다. 다만 타인에게 피해를 주거나 내 방식을 강요하는 사람이 생각보다 주변에 많아 안타까움을 자아내는 요즈음이다.

10년 넘게 자신을 키워주고 보살펴준 할머니를 살해한 고등학생 형제, 성폭행범이 출소해 2명의 여성을 살해하고도 더 못 죽여 억울하다는 범인을 신문과 방송에 얼굴을 공개하기도 하는 세상이다.

이들은 어려서 부모나 주변 어른들에게서 양심에 대한 인성 교육기회를 놓쳐서 그렇다고 주장하는 교육학자에 따르면 어린이는 나이에 맞는 다양한 교육과 훈련을 받아야 하는데 단계별 인성교육 기회를 제공하지 않아 이런 일들이 발생한다는 것이다.

학원에서는 특정 과목만 교육할 뿐이고 부모들은 바빠서, 초보 부모라서 그 시기를 잃고 마는 것은 아닌지 모르겠다. 손자가 초등학교에 가는데 젓가락질이 서툴러서 포크만 사용한다고 해 많이 불편하단다. 아이를 데리고 식탁에 앉아 젓가락질을 열심히 가르쳤더니 2학년이 된 지금은 어른처럼 잘도 한다.

내 친구 한 명은 아직도 부인이 김치를 담글 줄 몰라 반찬을 사먹거나 외식으로 모든 식사를 해결한단다. 신혼 초기에 친정엄마와 언니가 반찬을 할 줄 모르는 동생을 배려한다고 계속 김치를 담가주고 담근 김치를 제공해 지금까지도 김치를 담글 줄 모르고, 지금은 그분들이 모두 돌아가시거나 나이가 들어 외식만으로 모든 식사를 해결한다니 본인은 물론 그 가족 구성원은 얼마나 불편하겠는가?

지금이라도 이런 방법으로 자녀를 사랑하는 부모는 자녀를 도와주는 것이 아닌 자녀의 인생을 피곤하고 어렵게 만드는 방법일 뿐 사랑이 아니라는 사실을 인식해야 한다.

06

사람은 스스로를
좋아하는 사람을 좋아한다

인생을 살아오면서 내가 가장 좋아하는 사람은 누구일까? 초등학교 시절 아무것도 모르고 어울리던 절친일 수도, 고등학교 때 단짝 친구일 수도 있다. 아니면 첫 직장 입사 동기, 취미활동을 하면서 만난 형일 수도 있다. 하나같이 나를 인정해주었고 만나면 부담 없이 대화할 수 있는 나와 코드가 잘 맞는 사람들이었다. 돌아서서 나를 욕하거나 나의 단점을 잡아내서, 다른 사람에게 이야기해서 다시 나에게 전달되는 그런 사람이 아닌 것은 확실하다. 물론 나도 그 사람이 좋고 그의 잘못된 점을 남에게 이야기한 적이 없는 모든 것이 마냥 좋은 사이다. 아무리 좋은 친구라도 술 마시고 함부로 대하거나 내 말꼬리를 잡아 성질을 부리는 경우가 반복된다면 그 친구는 만나지 않게 되면서 멀어지고 만다.

일방적으로 희생을 강요하거나, 주지는 않고 받기만 하는 사이는 계속해서 좋은 관계를 유지하기가 어렵다. 항상 주고받는 사이가 좋은 관계다. 주는 것이 무엇이고 받는 것이 무엇이든 관계없이 서로에게 일방적으로 많은 빚을 져서는 좋은 관계를 지속하기 쉽지 않다. 이것이 물질적이든 정신적이든 사회적이든 상대적으로 빚을 지지 않는 사이가 좋은 사이다. 사람이 살면서 이런 친구가 많은 사람이 있고 없는 사람이 있다. 돌이켜 생각해보면 욕심이 많은 사람은 좋은 친구를 갖기가 쉽지 않다.

주고받는 사이(Give & Take)란 먼저 주어야 하고 준 것을 기억하지 않아야 한다. 준 것을 기억해 여러 사람에게 내가 친구에게 언제 이것을 주었다고 소문을 내서 그 친구에게 이 이야기가 전해진다면 아니 준 것만 못하고 이미 빚이 되어 돌아온다.

준 것은 잊고 받은 것은 기억해 반드시 다시 갚아야 한다. 그래야 좋은 친구 관계를 지속하고 영원한 친구가 될 수 있다. 나는 친구에게 조금이라도 도움이 되는 일은 하지 않고, 아무것도 해주지 않으면서 내가 어려울 때 목숨이라도 내놓을 것을 요구한다면 어찌 좋은 친구가 될 수 있겠는가?

내가 어려울 때 밤새워 자기 일처럼 고생해준 친구의 고마움을 평생 잊지 않고 갚는다면 어찌 좋은 친구가 아니겠는가? 맛있는 것이 생기면 반쪽이라도 나누고 싶은 친구, 좋은 일이 생기면 먼저 알리고 싶은 친구, 내 이야기만 나오면 좋은 평가에 열을 올리는 친구, 내 일을 자기 일처럼 슬퍼하고 즐거워해주는 친구가 진정한 친구다.

이런 친구라면 어찌 내 인생을 걸지 않겠는가. 물론 내 인생을 걸 만한 문제를 일으키지도 않을 것이지만 어쩌다 잘못되었다면 내 일처럼 나서서 해결해주어야 하지 않을까?

사나이는 나를 알아주는 사람을 위해 몸을 바칠 각오가 되어 있다. 나를 인정해주는 상사를 위해 무엇이라도 할 수 있다. 그러나

고생만 시키고 책임만 떠넘기면서 챙겨주지도 않는 상사는 술자리 안줏거리가 되고, 생각만 해도 항상 밉고 짜증 난다. 이런 상사와 같이 근무한다는 것은 회사에 도움이 되지도 않고 하루하루가 지옥이다.

내가 사랑하고 나름대로 열심히 챙겨주고 믿었던 직장 후배가 퇴직 후 전화 한 통화 없는 경우도 인연을 계속 이어가기는 어려울 것이다. 이런 후배가 자녀 결혼식에 청첩장을 보내오면 참석이 망설여지는 것도 인지상정이다. 사람이란 참 간사해 나를 인정하지 않고 뒤에서 악평하는 소리가 한 번이라도 들려오면 그 사람과 관계를 계속하는 것이 어려워진다. 살아가면서 어떤 경우라도 남의 이야기를 함부로 하지 말아야 한다. 반드시 그 이야기는 상대에게 전해지고 인간관계를 크게 해친다는 사실을 명심해야 한다. 좋은 대화도 많은데 그 자리에 없는 사람에 대한 불만이나 잘못된 점을 이야기하면서 대리 만족하는 사람은 친구나 내 편을 버린다는 점을 명심해야 한다. 가능하면 이 자리에 없는 사람에 대한 미담과 좋은 기억을 끄집어내어 대화하는 노력을 열심히 해야 한다. 내 편을 늘리고 어려울 때 나를 도와줄 수 있는 응원군을 만드는 과정이다. 이를 습관화한다면 그 사람은 훌륭한 사람이 되고 후덕한 사람이 되고 사회적으로 덕망이 있는 사람이 될 수 있다.

내가 우월한 위치에 있을 때 주변을 챙기는 노력을 게을리하지 말아야 한다. 현직에 있을 때 퇴직한 선배를 챙기고, 내가 상사로 있을 때 부하직원의 억울함이 없도록 보살펴야 한다. 내가 갑의 자리에 있을 때 을을 챙겨야 빛이 나는데 내가 을이 되어야 그 처지를 이해하게 되니 이것이 세상의 이치가 아닌가?

갑이 을을 생각하기 시작하면 을이 될 날이 머지않았고, 나이가 들어 문중 일에 신경 쓰기 시작하면 갈 날이 머지않았으니 세상 이치가 이런 것인가보다.

못난 사람, 인격적으로 완성되지 못한 사람이 완장을 차면 안하무인이 되어 주변에 해악을 끼치게 되는데 결과적으로 자신을 크게 해치게 된다. 시간이 가면 계속 그 자리에 있을 수 없다는 것은 자연의 이치이니 안하무인이 되어 기고만장해진다면 얼마 가지 못해 그 첫값을 받는다는 것을 알아야 한다.

특히 그동안 맺어온 인연들에 초심을 잃고 만용을 부리면 모두가 떠나가게 된다.

반면에 자기가 할 수 있는 범위 내에서 주변 사람을 열심히 챙기면 훗날 더 우의가 돈독해지고 존경받을 것인데 그러한 사람이 많지는 않다. 이것이 앞서 '승자의 뇌'에서 이야기한 부분이기도 하다.

초심을 잃지 않고 겸손해지는 노력은 어렵지만, 반드시 해야 할 부분이라는 점을 알아야 주위에 사람을 잃지 않을 것이고 이것이 사람의 도리이기도 하다.

내가 좋아하는 사람 중에 소방본부장으로 은퇴하신 분이 계시는데, 현직에 있을 때는 물론이고 지금도 항상 겸손하고 상대를 존중해 누구도 그분이 그런 직책에 있었는지를 모른다.

언제라도 연락하면 반갑게 통화할 수 있어 그분이 사시는 동네 근처를 지나면 연락해 부부를 모시고 식사도 하고 세상 사는 이야기를 나누다 헤어지고는 한다.

그분은 젊은 사람이나 나이 든 분을 만나도 항상 상대를 존중하고 편하게 해주어 주변에 사람이 끊이지 않고 항상 많다.

　다른 어떤 분은 현직에 있을 때 얼마나 많은 사람을 불편하게 했는지 퇴직 후 보험업을 한다는 소문이 나더니 지금은 아무도 연락처를 모르고 소문에는 귀촌해 사는데 그곳에서도 외톨이로 산다고 한다.

　그분이 현직에 있고 내가 공업단지 대표(돌아가면서 회사 담당자가 맡는 직책)를 맡고 있을 때였다. 공단 입주업체 전체에 부당한 일이 있어 찾아갔더니 자리에 앉지도 못하게 하고, 그 흔한 차 한 잔 대접하지 않고 돌려보내던 치욕을 감당하도록 하더니 얼마 지나지 않아 좌천된 후 곧 퇴직했다.

　많은 사람을 만나고 헤어지고 많은 친구가 있지만 어떤 지역에 출장을 가서 시간이 나면 그곳에 사는 친구가 보고 싶어 전화해 음식이라도 대접하고자 해도 한마디로 거절하는 친구는 다시 연락하기가 어려워지고 반갑게 맞이해 나오는 친구는 자주 전화도 하고 보고 싶어진다.

　나이가 들면 연락해주는 사람이 좋고 연락이 오면 선약이 있거나 약간의 어려움이 있어도 응하는 노력을 보여야 자주 기회를 만들 수 있다. 물론 피치 못할 상황이라면 상세히 설명하고 양해를 구하면 될 일이다. 갑자기 연락하는 친구도 그 점을 충분히 이해할 수 있을 테니 말이다. 조심할 것은 친구가 오랜만에 연락했는데 사소한 이유로 거절한다면 이해하기가 곤란하고, 오해를 받을 수도 있다.

07

다름을 인정하면
공감이 쉬워진다

우리가 세상을 살면서 만나는 많은 사람이 어찌 의견이 일치하는 일만 있겠는가? 보는 각도가 다르고, 남녀 간의 생각 구조가 다르고 살아온 배경이 다르고, 살아오면서 보고 느끼고 배운 것들이 다른데 어찌 의견이 일치하기를 바라는가?

젊은 시절에 자료를 번역해 중요한 자리에서 발표할 기회가 있었는데, 자신이 없어 영어영문학을 전공한 지인에게 교정을 부탁한 적이 있었다. 내가 전공한 화학공학에서는 'React'를 '반응하다, 반응시키다'로 번역하는데 '화장하다'로 전부 수정해왔던 기억이 난다.

근래에 정치판을 보면서 내가 하면 로맨스, 남이 하면 불륜이라는 용어가 딱 맞아떨어진다. 나하고 의견이 다른 것은 나쁜 것이고, 틀린 것이라는 생각, 무조건 나와 의견을 같이하는 사람이 좋은 사람이고 의견이 다르면 나쁜 사람이라는 사고방식이 한심스러운 것은 나만의 생각인가? 옛날 관에서는 무조건 반대를 위한 반대를 하는 직책을 주어서 반대하는 이유에 대한 해결을 한 후에 정책을 수립했다고 하니 얼마나 현명하고 바른 정치였겠는가? 반대하는 이유에 대해 경청하고 문제점을 찾아 해결한 후에 일을 진행한다면 차후에 생길 수 있는 부작용을 사전에 상당 부분 걸러 내고 진행할 수 있으니 혼란도 줄어들고 문제점도 최소화되어 좋은 정책이 될 것이다.

부부가 싸우는 것을 보면 사소한 부분이 원인이 되는 경우가 대부분이다. 아들 내외는 신혼 초기에 며느리는 물건을 사면 풍족하게 사고, 가격도 크게 개의치 않고 사서 애들도 먹고 다음에도 먹는다고 한다. 아들 녀석은 꼭 필요한 만큼만 사고 가격도 이곳저곳을 비교해 싼 물건을 사는 것이 몸에 배 서로가 타박하다가 누구도 틀린 것이 아니고 장단점이 있고 이는 성장하는 과정에서 자연스럽게 몸에 밴 습관이라는 사실을 인정하고 지금은 본인의 방식대로 구매하고 관리한다는 이야기를 들은 적이 있다. 과정이야 다를 수 있지만, 결과적으로는 큰 문제가 없다고 생각한다면 충분히 서로 이해하고 넘어갈 수 있는 부분이 아닌가.

많이 사서 보관한 후에 먹는 것도, 필요한 양만 사서 먹고 추가로 사는 것도 틀린 것이 아니고 서로 다른 것이라는 사실을 일찍이 깨달은 아들 내외가 대견스럽다. 그러면 싸울 일도 없고 가정이 화목하니 애들의 건강한 성장에도 좋겠다고 생각하니 아들도 잘 키웠지만, 며느리도 잘 얻었다는 생각이 든다. 나는 가끔 주례사를 하면서 싸워야 한다면 사랑으로 싸우라고 한다. 싸울 때 불량배처럼 싸우면 그 후유증이 너무 커서 건강한 부부가 될 수 없다. 좋을 때 사랑하는 것도 중요하지만 싸울 때 상대를 존경하고 사랑한다면 다른 부분을 인정하고 내 방식대로 고치려 하지 말고 내가 당신 방식대로 고치지 못하는 이유를 찾아 차근차근 하나씩 설명하면 싸울 일이 없지 않겠는가?

다툼은 내 생각을 강요하는 데서 시작된다. 내 생각은 옳고 네 생각은 틀렸다는 것은 옳지 않다. 테니스를 치다 보면 공이 선을 나갔는지(Out) 들어왔는지(In)로 다툼이 발생한다. 사람들이 지면에 선을 그어놓고 건강을 위해 운동을 즐기면서 열을 올리고 싸운다. In-Out이 중요하다면 그 사실에 관해 확인하면 될 일인데 불필요한 언사를 구사해 싸움을 키우는 나이 든 사람도 많다. '인생 그렇게 살지 마', '양심이 없다', '그것도 못 봐 인간이' 이런 험한 말에 심지어 쌍욕을 하기도 한다.

언제라도 상황은 내가 보고 싶은 것만 보고 내가 유리한 방향으로 판단할 수도 있다. 너도 그렇고 나도 그렇다는 생각한다면, 내가 잘못 볼 수도 있다는 생각을 먼저 한다면 싸울 일도 언성을 높이고 달려들 일도, 성질을 부릴 일도 아니지 않은가? 내가 다시 보고 상대방의 의견을 경청하고도 정확하게 판단할 수 없다면 상대에게 유리하게 결정하라는 선수 윤리 규정에 따르면 될 것이고, 확실하다는 생각이 든다면 상대에게 다시 한번 설명하고 결정하면 된다. 상대가 다른 의견을 계속해 제시하면 그 포인트(Point)는 무효로 하거나 다시 경기하면 된다.

그래도 해결이 어렵다면 제삼자인 주최 측의 심판을 불러 판단을 받고 승복하면 될 일이다. 이런 경우들이 이미 경기 규칙에 명시되어 있고 프로 경기에서는 이미 도입되어 다툼을 명확하게 해결하는 방안들이 실시되고 있다.

어떤 경우에도 나는 맞고 너는 틀리다는 아집을 버리고 나도 틀릴 수 있다는 생각을 한다면 세상은 훨씬 살 만한 세상이 아니겠는가?

어떤 문제도 지나고 나서 생각해보면 부질없고 허망한 일인 것을 지금의 감정에 치우쳐 해결을 그르치는 안타까움을 만들지 말았으면 한다.

근래에 가장 많은 문제가 되는 것이 층간소음이다. 근본적인 문제는 건물의 위아래에 집이 있다는 것이겠지만 그보다는 이웃 간에 소통이 단절된 것이 아닐까 생각해본다.

옛날 어느 마을에 소음으로 인한 문제가 발생했다는 이야기를 들어본 적이 없지 않은가?

사람 사는 세상에 어찌 그때라고 조용하기만 했겠는가마는 이웃이 사촌이니 감정적인 문제가 발생하지는 않았겠지. 지금은 이웃이 사촌이 아니고 사돈의 팔촌보다 더 먼 사이이니 조그만 문제에도 감정적으로 대응하게 되는 경우가 되어 사달이 나고는 한다.

이런 문제가 발생하면 과학적인 방법으로 접근해 해결하는 방법은 좋은 방법이 아니다. 인간적인 방법으로 본인이 납득할 때까지 의견을 청취하고 하나씩 해결해야 한다. 아파트는 구조상 소음이 생산되고 누군가에게 전달되는데, 바로 상부층에서 발생하는 소음도 있지만 같은 통로 층에서 발생하는 소음 모두가 나를 고통스럽게 할 수 있다는 점을 알아야 한다.

생활소음(걸어 다니는 소리, 청소, 세탁, 대화, 물소리 등)은 불가피한 부분으로 이해해야 한다. 그러나 어린이가 있다면 상대를 배려해 바닥에 흡음재(흡음 매트)를 까는 등의 배려도 필요하다. 그보다 더 중요한 것은 사람은 항상 어린이가 있어야 건강한 삶이고 어린이는 달리고 뛰면서 자란다는 사실을 인정하는 것이 중요하다. 문제는 어떤 경우라도 층간소음 문제로 위층을 직접 방문할 수 없도록 법제화되어 있다는 것이다. 관리사무소나 입주자대책회의를 통해서 심한 소음문제를 해결하게 되어 있는데 내 경험으로는 입주자대책회의까지 소음문제가 비화한 적이 많지는 않다는 것이다. 아파트에 사시는 분은 아랫집에서 소음문제로 올라온 경험이 있을 것이다. 혼자 조용히 책을 읽고 있는데 아랫집 아주머니가 올라와 고3 학생이 공부하는 데 너무 시끄럽다고 항의하는 경우도 있었고, 위층에서 새벽에 안마의자를 사용한다고 생각했는데, 엘리베이터 작동소음인 경우도 있었다. 내가 아랫집을 배려한 만큼 윗집도 아랫집을 배려하고 있다는 생각을 조금이라도 한다면 윗집에 뛰어 올라가는 어리석은 행동을 하지는 않을 것이다. 아랫집 아주머니에게 손자 놈들이 와서 시끄럽게 해서 미안하다고 엘리베이터에서 만나 말씀드렸더니 아이들이 다 그렇지 않겠냐고 너무 제지하지 말라고 하시던 그 말씀이 어찌나 감사하던지. 지금은 다 큰 손자들이지만 항상 감사한 마음을 가지고 인사를 나누고는 한다.

사람이 살면서 노력해도 쉽게 해결되지 않는 문제들도 있다. 그중에 하나가 아이들이 집안에서 뛰는 것이다. 이것도 생활소음으로 인정하고 공감해주거나, 이웃 간의 가벼운 대화는 몰라도 이 문제로 윗집을 방문해 자주 항의하는 것은 좋은 도시인의 태도는 아니다.

이는 이웃 사이에 좋지 않은 감정을 유발해 즐거운 삶을 해칠 가능성이 커지고 나의 즐거운 생활에 심각한 해를 끼쳐 스트레스를 받게 하거나 심한 경우 행복한 삶을 파괴하기 때문이다.

08

옳은 말을 하는 사람보다
이해해주는 사람이 좋다

우리가 자라면서 많은 것들을 보고 배우고, 많은 일을 하면서 몸에 배는 것이 옳고 그름을 판단하는 일이다. 사람은 계속해서 어떤 판단을 하고 결정을 내리면서 행동을 한다. 언제나 가장 좋은 판단만을 하는 것은 아니지만 지나고 나서 돌이켜 보면 후회도 하고 만족도 하면서 이를 통해 발전해간다.

사회생활을 할 기회가 상대적으로 많아서인지 아니면 태생이 그런 건지는 명확하지 않지만 남자는 판단에 길들어 있는 듯하다. 어떤 상황에서는 판단이 필요한 것이 아니고 공감이 필요한 경우가 많고, 특히 여자들과의 대화에서는 상대를 이해하고 따뜻한 공감의 언어가 필요한 데도 판단하고 방향을 제시해 상대를 난감하게 만드는 경우가 있다.

나이가 들면 불필요한 개입을 삼가고 도움 요청이 없는 조언도 상대를 불쾌하게 하는 경우가 있다. 나이가 들면 입은 닫고 지갑을 열라고 하지 않던가.

말을 많이 하는 사람치고 대접받는 사람이 적다. 말을 많이 하다 보면 본의 아니게 상대의 감정을 다치게 할 수 있다. 사람을 움직이는 것은 입이 아니라 귀다. 그래서 입은 하나이지만 귀는 둘인 것이다.

알면서도 어려운 것이 다른 사람의 말을 귀담아듣는 것이다. 대화 중에 발생하는 문제의 대부분은 경청이 부족한 경우가 많다. 상대가 하고자 하는 의도와 그 의미를 정확하게 듣는 것이 중요하지만 우리는 경청하는 법을 배운 적도 없고 훈련도 되어 있지 않다. 듣기보다 자기 말을 하기에 급급하다. 몇 마디만 듣고는 듣지 않아도 안다는 선입견을 품는다. 잘 들어주면 많은 것을 배울 수 있고, 대부분 문제는 자연스럽게 해결된다. 상대가 이야기할 때 끼어들지 말고 끝까지 들어보는 것이 대단히 중요하다. 가능하다면 적절한 맞장구는 대화의 윤활유 역할을 한다. 맞장구를 치면서 대화를 풀어 가면 안 풀릴 일이 없다.

캘리포니아대 심장센터 롤린 맥크래티(Rollin McCraty) 교수는 "사람들에게 의식적으로 감사하는 마음을 갖게 한 결과 부교감신경계가 활성화되고 스트레스와 긴장 정도가 감소하는 것을 확인했다"고 했다. 누군가에게 감사한 마음을 갖는 것은 상대에게 좋은 것이 아니라 나에게 좋다는 것이다. 누군가 늘 곁에 있다고 당연시하지 마라. 그 사람이 잘못되었을 경우를 생각해보면 얼마나 감사할 일인가? 일상에서 아무렇지도 않은 일들이 누군가에게는 간절히 바라는 기적이 될 수 있음에 감사해야 한다.

당연시하는 태도를 감사의 마음으로 바꾸는 방법은 가끔 마지막이라는 생각으로 가족들을 바라보는 것이다. 자식이, 부인이, 부모님이, 사촌이 건강하게 그 자리에서 묵묵히 자기 일을 하는 것만으로도 얼마나 감사한 일인가? 사촌 형님이 뇌출혈로 쓰러져 몇 년째 말도 못 하고 투병 중이다. 코로나19로 면회도 어렵고, 사람도 몰라본다고 병문안도, 방문도 거절하고 있으니 가보지도 못하는 나는 마음고생이 이만저만이 아니다. 갈 수도 안 갈 수도 없이 일 년이 훌쩍 지났지만, 저녁이 되면 생각이 나고 죄스럽기만 하다. 옆에 계시는 분도 찾아가지 못하고 있다니 간들 어찌할 수 없는 상황이지만 마음이 항상 불편하다.

내 곁에 아내가 있다는 것만으로, 자식이 건강하게 직장생활을 하고 있다는 것만으로도 나는 얼마나 행복하고 감사한 일인가. 가정은 내 삶의 휴식처이자 에너지의 원천이다. 자기계발은 열심이지만 부부관계를 체계적으로 배운 사람은 별로 없다. 갈등을 해결하고 잘 싸우는 방법을 알려면 배움과 연습이 필요하다. 내가 완벽한 가장이라는 착각이다.

자기가 들어가면 도망가는 아이를 보면서도 문제점을 알아차리지 못하는 아버지는 문제아를 만들고 있다. 어떤 경우라도 사람을 공격하거나 악의적인 언어를 사용해서는 안 된다. 부부 싸움을 하면서 현재 문제가 아닌 친정이나 시댁 문제를 입에 담으면 안 된다. 과거 언젠가 한 번 있었던 상대의 잘못을 계속해서 공격해서도 안 된다. 가정이 건강해지려면 어려울 때, 힘이 들수록 힘을 합쳐야 한다.

그렇지 못하면 서로를 비난하고, 화를 키우고 결국에는 흩어지게 된다.

부부생활에도 법칙이 있다.
1. 산울림의 법칙 : 대접받고자 하는 대로 대접하라.
2. 실과 바늘의 법칙 : 바늘이 너무 빠르면 실이 끊어지고, 느리면

엉키고, 바늘 대신 실을 당기면 바늘에서 실이 빠진다. 바늘과 실은 역할을 바꿀 수도 바꾸어도 안 된다.

3. **수영의 법칙** : 수영을 배우지 않고 물 위에 뛰어드는 사람은 없다. 피차 미숙함을 인정하고 인내하면서 살아라.

4. **타이어 법칙** : 사막의 모래에 차가 빠지면, 방법은 타이어의 바람을 빼는 일이다. 부부갈등의 사막에 빠지면 즉시 자존심과 고집이라는 바람을 빼는 일이다. 그러면 둘 다 행복하게 살 수 있다.

5. **김치의 법칙** : 배추는 5번 이상 죽어서야 김치가 된다. 땅에서 뽑힐 때, 칼로 배를 가를 때, 소금에 절일 때, 매운 고추와 젓갈, 마늘 양념에 버무릴 때, 입안에서 씹힐 때.

6. **고객의 법칙** : 고객에게는 절대 화를 낼 수 없다. 항상 미소로 맞이해야 한다. 상대방이 원하는 것을 빨리 파악해야 한다. 최선을 다해야 한다. 내가 아무런 잘못이 없어도 그 순간에는 사과해야 한다. 다음에 고객이 사과하러 올 수도 있다.

오늘 내가 만나는 사람은 항상 내 편이 될 수 있는 나의 고객이다. 오늘 이 사람을 내 편으로 만들 수 있으면 나는 성공하는 삶을 살 수도 있다. 어제 만났던 사람도 중요하지만, 오늘 지금 만나고 있는 사람에게 최선을 다해야 한다. 지금 만나고 있는 사람을 내 사람으로 만들지 못하면 내 편은 한 명씩 줄어져서 얼마 지나지 않아 내 곁에는 사람이 없게 될 것이다.

묻지 않으면 상대가 듣기 싫은 이야기를 할 필요가 없다. 상대의 이야기를 들어주고 공감하는 노력만으로도 충분히 내 사람을 만들 수 있다.

언젠가 아파트 관리실에 주민이 여러 번 찾아와 재활용품 수거장을 자기 집 앞에 설치했다고 소리소리 지르는 사람이 있어서 골치 아프다고 해서 동대표인 내가 해결하겠다고 나섰다.

연락해서 만나 그 사람이 주장하는 문제점을 모두 듣고 단지 내를 한 시간 동안 같이 돌면서 옆 동의 설치 현황을 같이 보면서 상황을 설명하고 스스로 해결방안을 찾도록 했더니, 그렇게 강력하게 주장하던 사람이 헤어진 지 한 시간도 안 되어 전화가 와서 지금 방안대로 하시라고 했다. 만약 내가 다시 윽박지르고 불가피성을 주장했다면 물러서지 않았을 것이지만 본인이 현장을 보고 상황을 파악해보니 자기의 주장이 너무 심하다는 사실을 인지한 것이다. 그래도 관리실과 상의해 그분의 집과 약간 더 떨어진 장소로 옮기는 것으로 배려했다. 서로서로 배려하고 의견을 경청하는 것만으로도 우리 주변의 많은 문제는 대부분 해결된다, 내 주장이 옳다고 하더라도 상대의 의견을 들어야 한다. 상대가 개인의 사익을 위해 주장한다면 답이 없을 수 있지만, 객관적인 생각이라면 반영할 수 있는 부분을 찾아야 한다. 사람이 사는데 수학 문제처럼 정답이 있는 것이 아니지 않은가. 보는 각도에 따라 시각과 생각은 얼마든지 달라질 수 있다는 사실을 인정한다면 틀린 것이 아니고 다른 것이다.

서로가 상대를 존중해야 나도 존중받을 수 있다는 사실을 알아야 한다.

나에게 옳은 말을 하는 사람보다 나를 이해해주는 사람이 좋고, 내 편이 되어주는 사람이 좋다.

09

퇴직 후
나는 무엇을 할까?

많은 사람이 학교를 졸업하고 직장생활을 한다. 그리고 언젠가는 나이가 들어 퇴직하게 된다. 최근에는 우리나라에서도 미국에서 시작된 파이어족(FIRE족, Financial Independence Retire Early)이 유행을 하고 있단다. 근래 젊은 사람들은 시작부터 전셋집이라도 마련해 출발하는 경우가 많아 훗날 그래도 형편이 낫겠지만(최근 대학졸업생의 반이 빚으로 시작한다고도 하지만) 현재 퇴직을 했거나 퇴직을 앞둔 세대들은 학교 다니는 것도 어려운 시절을 살아오면서 졸업 후 취직을 하고 안착하기 전에 시골 동네 어른들이 서울 구경 왔다고 찾아와서 평상시 가보지 못했던 남산도 구경시켜드리고 음식도 대접하고 차비까지 드리고 보냈던 시절이 있었다. 애들을 공부시킨다고 최근에야 문제가 되는 노후 준비는 생각할 여유도 없었고 알지도 못했다.

그래도 경제가 부흥하면서 알뜰하게 저축하고 모았던 자산이 비축되고 사놓았던 토지와 부동산이 상승해 노후가 그렇게 마냥 어렵지만은 않은 것도 행운이다.

다행히 국민연금제도가 1988년도부터 10인 이상 사업장 근로자를 대상으로 시행되어 1995년 농어촌 지역과 1999년 도시지역 주민에게까지 적용 범위를 확대해 지금 은퇴하는 사람들에게는 다소간 생활에 보탬이 되는 것도 사실이다.

그래도 한국의 가장(家長)은 살아 있는 한 계속해서 수입을 창출해야 하고 뭔가 일을 해야만 한다. 우리나라 국민은 대부분이 금융 문맹이라고 이야기하는 분이 계시고 퇴직자의 48%(다른 자료에는 52%)가 극빈자라니 이 또한 받아들일 수밖에 없는 현실인 것을 인정해야 한다. 그래도 내가 만난 많은 퇴직자와 친구들은 겉으로는 퇴직 후 나름대로 잘 살아가고들 있다.

경제적인 측면 말고도 퇴직 후 30~40년을 어떻게 보람되고 재미있는 노후를 즐길 것인가는 또 다른 차원의 문제다. 나이별로 할 수 있는 일이 다르긴 하지만, 퇴직 직후에는 오라는 곳도 많아 그렇게 들어간 직장은 길어야 3~4년이고, 그 후에는 다시 퇴직자가 된다. 나는 퇴직자들에게 이 과정을 생략하고 바로 인생 이모작에 돌입하라고 여러 번 권했다. 자기가 하고 싶은 것, 잘할 수 있는 것. 주변에서 도움을 받을 수 있는 것이 가장 좋은 아이템이 될 수 있다. 그러나 퇴직 전후에 새롭게 접근해 알게 된 사람은 상당한 주의를 해야 한다. 가장 권장할 만한 것은 전 직장에서 평생 익히고 닦은 업종과 관련이 있다면 더욱 좋을 것이다. 하지만 그동안 직장 때문에 꿈을 포기하고 살았다면 그 꿈을 이루는 것도 좋다. 그것이 돈이 되지 않아도 감당할 수만 있다면 행복할 수 있을 것이다.

다만 돈벌이는 없는데 계속 돈을 투자해야 하는 일이라면 권장할 만하지 않다. 경험도 없고 잘 아는 분야도 아니지만, 돈을 투자

하면 일정한 수입을 얻을 수 있다면 준비를 충실하게 해야 한다. 준비는 돈이 아니라 열정과 관련 전문기술, 이론적인 부분과 실무적인 부분으로 구분해 하나씩 접근하는 것이 좋고 가능하면 나와 같은 퇴직자 중에서 하고자 하는 분야에서 성공한 사람을 찾아 멘토를 정해 충분한 기간 자문받아 실제로 해보는 것이 좋다. 봉사가 아니라면 어깨너머로 배워서는 내 것이라 할 수 없다. 믿음이 가지 않는 멘토는 도움이 되지 않을 수 있으니 한번 믿고 선택한 멘토라면 끝까지 믿고 가는 것이 중요하고, 진행 과정에서 고민이 많은 것도 사실이다.

현장에서 갈고 닦아 프로가 되어 시작하는 것이 좋다. 의욕만으로 시작하면 안 된다. 시작은 작게 해도 결실을 크게 맺을 수 있도록 계획을 수립해 진행해야 한다.

직장생활을 위해 우리는 '6+3+3+4+a=16년 이상'을 투자해서 30년 정도를 보냈다. 남은 30~40년을 위해서 얼마를 준비하고 훈련해야 할까? 너무 조급하게 생각하거나 서두를 일은 아니지 않은가? 준비가 되었다면 가능하면 빨리 시작하는 것이 좋다.

무엇을 시작하든 지금이 가장 젊은 시기가 아닌가? 그냥 보낼 수 있는 남은 세월은 많지 않다.

특정 업종을 이야기하는 것은 아무 의미가 없고 어떤 한 분야를 이야기하는 것도 주제와는 다르다. 본인이 좋아하고 가장 잘할 수 있는 분야라면 어떤 분야라도 좋을 것이다. 누구나 할 수 있는 분야, 준비가 많이 필요 없는 분야는 이미 많은 사람이 치열하게 경쟁하고 있어 성공하기 어렵다는 것을 알아야 한다. 가능하면 남보다 내가 가장 잘할 수 있는 분야, 남이 하지 않는 분야, '누군가는 이미 성공한 분야, 누구나 할 수 없는 분야라면 가는 길이 험할 수 있지만 한번 도전해 볼 수 있지 않겠는가? 시간이 걸릴 수는 있어도, 힘이 들 수는 있어도, 그 결과는 크게 빛날 수 있을 것이니 자신 있게 천천히 나서보는 것도 좋지 않겠는가?

퇴직 후 무엇을 할지? 고민해보지 않은 직장인은 아마 없을 것이다. 그러나 현직에 있을 때는 막연하고 추상적으로 생각해 오다가 퇴직 후에야 실감하게 되는 경우가 대부분이다.

어떤 분은 주식을 하고, 어떤 분은 텃밭을 가꾸고, 어떤 분은 직장을 찾아 나선다.

그동안 땀 흘려 모은 돈을 들여 전혀 해보지 않은 개인 사업을 시작하는 경우도 있다. 평생 직장생활을 해왔던 사람이 기존 시장에서 평생 그 사업을 하시는 분들과 경쟁해 성공하기는 쉽지가 않고 오히려 손해를 감수해야 하는 경우가 많다.

가장 좋은 방법은 젊어서부터 경제활동을 익히는 것이 가장 좋다. 재벌 2세가 부모의 자산으로 사업을 일으키는 것이 아니라 어려서부터 보고 자라면서 배운 경영지식으로 사업을 일으킨다는 사실을 알아야 한다. 권장할 만한 것은 직장생활을 마치기 전에 충분한 준비를 해 미리 시작할 것을 권한다. 주식과 같이 자신만의 노하우로 전문 조직도 실패하는 투자를 하겠다고 하는 발상은 성공하기 어렵다고 생각한다.

몇 년 전 아들이 단기간에 10%를 벌어준다는 주식 투자 업체를 소개해 여유자금으로 투자를 한 적이 있었다. 물론 오르는 장세에서는 단기간에 10% 이익 실현을 한 프로젝트도 있었지만 1년이 지나도 손실을 냈다. 회복하지 못해 내 손실은 물론이고 결국은 그 회사가 문을 닫는 지경에 이르는 경우도 있었다.

직장생활에서 은퇴하신 분들의 모임이 울산에 있다. NCN(New Challenge Network)이라는 모임이다. 현직에서 공장장, 이사, 간부들로 퇴직하신 분들이라 나름대로는 특정 분야에서는 전문가라고 부를 만하다. 하지만 아직 우리나라에서는 이런 분들의 노하우를 현업과 연결해주는 네트워크가 조성되지 못해 크게 활용되지는 못하고 있다.

그렇다고 새로운 직장생활을 시작하기도 어려워서 모두가 대학교, 전문학교, 기능대학 등에서 강의도 하시고, 인맥을 동원해 후진들의 취업도 알선하고, 관련 기업체 자문 봉사활동 등을 하고 계신다. 그래도 현업에서 간부로 재직해 경제적으로는 어려움이 적은 편이지만 시간 관리가 어려워 같이 모여서 등산도 하고 인문학 강의도 듣고, 골프모임도 하면서 새로운 포럼(Forum)이나 관심 있는 학회 활동에도 참여한다.

퇴직한 이후 30년은 살아야 하는데, 나에게 맞는 생활방식을 찾아서 사회활동을 새롭게 시작할 것을 권한다. 친구 대부분은 은퇴했지만, 집에서 온종일 책이나 보면서 소일하는 친구는 그것만으로도 부인을 심적으로 괴롭히는 듯하다. 부인은 자유롭게 밖으로 다니지만, 어찌 집에만 있는 남편이 편하기만 하겠는가? 보기만 해도 짜증나고 밉단다.

앞으로 30년 동안 누군가에게 짜증이 되고 짐이 될 수는 없는 일이 아닌가? 내가 즐겁고 옆에 사람에게도 즐거움을 나누어줄 수 있는 그런 이모작 인생을 설계하는 것이 좋지 않겠는가? 지금부터라도 이모작에 성공한 사람을 찾아 나설 것을 권장한다. 내가 알지 못하는 무엇인가를 찾을 수 있지 않을까?

내가 아는 공무원 퇴직자는 부부 공무원으로 부인의 직급이 더 높아 항상 스트레스를 받아왔는데, 현직에 있을 때 지인의 도움으로 본인이 모아둔 돈 1.5억 원으로 대출을 받아 조그만 건물을 매입해 매달 세를 받아 대출을 상환한다. 자금을 모아 지금은 그 건물을 처분하고 큰 건물을 지어 임대해 퇴직 후 취미활동을 즐기면서 여생을 여유롭게 살고 있다. 공무원 연금에 상당한 수입이 있으니 요새 유행하는 건물주로 관련된 모임에 과일 바구니도 들고 다니고, 클럽 회원들 음식도 대접하면서 즐기니 옆에 사람들도 즐겁다.

물론 살아가면서 욕심을 버릴 수 있다면 그렇게 많은 자금이 필요한 것도 아니다. 본인이 좋아하는 것을 찾을 수만 있다면 재취업을 해 내 생애 가장 젊은 날들을 몇 푼의 돈과 바꿀 필요는 없다고 본다.

10

행복한 관계를 위한
마법

사람은 살아가면서 많은 사람을 만나고, 사회적인 관계를 맺고 생활한다. 지금까지 좋은 관계를 맺고 있는 사람들도 많지만 그렇게 좋지 못한 관계를 유지하는 사람도 주변에는 있다.

그 원인이 무엇일까? 상대만의 잘못으로 이렇게 된 것일까? 아니면 내 탓은 없는 것일까?

부부 상담전문가인 워싱턴대학교의 심리학자 존 가트맨(John Gottman) 교수는 긍정적인 말과 부정적인 말의 비율을 5:1로 사용할 것을 권한다.

신은 사람의 마음을 보지만, 사람은 상대의 겉모습을 먼저 본다. 인간관계를 해치는 것은 상대방의 말이 아니라 상대가 어찌할 수 없이 타고난 겉모습이나 그 당시 내 마음속의 스트레스 지수가 작용한 것은 아닌지 곰곰이 되돌아봐야 한다.

자주 보면 정이 들고 마음에 드는 사람의 말은 어떤 말도 듣기 좋지만, 그렇지 못한 사람의 말은 듣기 좋은 말도 감정을 상하게 할 수 있다. 초록은 동색이고, 가재는 게 편이라는 말과 같이 내 편이라서, 아니면 다른 편이라서 그렇게 된 것은 아닐까? 이제라도 기회가 된다면 상대를 비난하기보다는 칭찬하는 것이 어떻겠나?

　아무리 가까운 사이라도 계속해 비난을 받아 기분 좋은 사이를 유지하기는 어렵다. 내가 가장 사랑하고 존경하는 후배 중에 자기는 친하다고 농담을 하는데 항상 부정적인 언어만 사용해 상대를 기분 나쁘게 한다. 자기는 즐거울지 모르지만 다른 사람은 만나기 싫어한다.

　상대의 보디랭귀지(Body Language)를 읽지 못하고 계속 떠들고 신나서 큰소리로 농담을 한다.

　이런 사람은 둘이 있으면 예의 바르고, 공손하고, 아무런 문제가 없다. 여러 사람이 있으면 말이 많아지고 나서기를 좋아하고 무슨 말이라도 해야 직성이 풀리는 성격이 된다. 말이 많으면 쓸 말이 적다고 했다.

　우리나라 사람들이 특별히 행복지수가 낮다. 부자 나라가 되어가고 있지만, 한국인의 행복지수는 이와 비례해 상승하지 못하고 있다. 최근 SDSN(지속 가능한 발전 해법 네트워크)에서 조사한 146개의 행복지수 보고서에서 한국은 59위에 그쳤다.

　행복이란 '충분한 만족과 기쁨을 느끼어 흐뭇함'이다. 만족은 기대의 응답 결과다. 기대가 크면 어떠한 응답에도 만족할 수 없다. 우리의 기대가 너무 큰 것은 아닌가 생각해봐야 한다. 젊은 시절에는 느끼지 못했든 행복을 근래에는 느끼고 있다. 아내가 무엇을 해주길 바라지 않는다. 내가 뭘 해줘야 할까? 고민하는 날들이 훨씬 많다. 오늘은 무엇을 해줘야 할지를 고민하고 있는데 전화가 와서 오는 길에 시장에 들러 전복 몇 마리 사오란다. 이보다 행복한 일이 또 있을까? 나의 고민이 한꺼번에 해결되었으니 얼마나 감사한 일인가?

생각이 바뀌니 아내만 좋은 것이 아니고 나의 행복지수가 급상승하기 시작했다. 아침에 눈을 뜨고 아내가 움직이는 것만 봐도 감사한 마음이 절로 든다. 주변에 혼자 남아 안쓰러움을 자아내는 내 나이 또래 사람들도 많다. 또는 부인이 아파서 간호한다고 바깥 출입이 어려운 사람도 있는데 우리는 둘이 다 건강해 각자 알아서 운동도 하고 먹고 싶은 것도 마음대로 먹을 수 있다. 이보다 더 감사한 일이 또 있을까?

젊은 시절에는 사는 것이 바빠서 서로를 챙기지도 못하고, 몸이 피곤하니 요구하는 것만 많았다. 이제는 있는 것에 감사하고 행복은 내가 만든다는 것도 알게 되었다.

나와 같은 직장에서 근무했던 동료 직원의 부인이 아직도 아내와 같은 교회에 다니고 있어 주말에는 만나고, 소식도 자주 듣고 대화도 자주 나눈다. 이 부인은 본인의 스트레스가 모두 남편 때문이라고 이야기한다. 대화가 거칠고, 가부장적이며 언어에 사랑이 없다고 말한다.

그러면 반대로 부인의 대화에 적용해보라고 이야기하지만 막무가내다. 대화에 온화함이 없고 짜증만 가득하며 사랑이 묻어나지 않으니 대화의 끝은 싸움이고 대화를 안 하는 편이 좋단다.

한집에 살면서 대화를 안 할 수도 없고, 황혼 이혼하면 이보다 더 좋은 세상이 아니라는 것을 알면서도 자기 성격 탓이라고 치부하고는 만날 때마다 상대방을 탓하는 것이 바보 같은 생각이 든다.

둘이 살면서 내가 바뀌면 노후가 평안할 텐데 불평하면서 스트레스를 받고 사는 것이 이해하기 어렵다.

옛날 시골에 시어머니의 구박이 심해 살 수가 없던 며느리가 나이 드신 현명한 어른을 찾아가 자초지종을 말씀드리고 시어머니가 나이도 있고 하니 편안하게 돌아가시도록 하는 방법을 물었단다.

집안이 넉넉하지 않으니 밭에서 나는 대형 지렁이를 잡아 잘 손질해 계피, 대추, 감초, 생강을 준비해 지렁이를 살짝 익히라고 한다. 한약재를 넣고 30분간 끓여서 식힌 다음 하루 한 번씩 드리는데 1년만 하면 편안하게 돌아가신다고 일러주었다.

그래서 그 며느리는 1년이면 고약한 시어머니를 저세상으로 보낼 수 있다고 생각하니 어떤 일이라도 할 수 있을 것 같아 그날부터 매일 정성을 다해 토룡탕을 끓였다.

몇 달이 지나지 않아 시어머니는 건강해지고, 며느리의 정성에 감탄해 며느리를 딸처럼 사랑하게 되었단다. 며느리는 이렇게 좋은 시어머니가 더 오래 사셔야 하는데 자기가 돌아가시게 하려 했던 잘못을 깨닫고 다시 토룡탕 처방을 주신 어른을 찾아가서 자기가 잘못했으니 부디 시어머니가 오래 살 방법을 물었단다.

당신의 정성이 하늘에 닿아 "이제 시어머니가 당신을 사랑하게 되었으니 당신도 좋고, 시어머니 또한 얼마나 좋겠냐? 이제 매일 끓이지 말고 미움이 생길 때마다 끓일 수 있도록 하라"고 했다. 더 이상 미움이 없고 사랑만 가득하니 앞으로 끓일 일이 없을 것이라고 하고 돌아와 행복했단다.

인간관계에서 내가 사랑할 수밖에 없는 사람이 있다면 내가 변해야 한다. 사랑은 주는 것이다. 무엇인가 받으려 하지 말고, 상대가 바뀌기를 바라지 말고 내가 먼저 바꾸는 노력을 해야 한다. 상대에게 감사하는 마음을 가지려고 노력해야 한다. 내 안에 기쁨이 넘쳐야 대화가 부드러워지고, 얼굴과 보디랭귀지가 부드러워져서 상대가 기분이 좋아지고 대화가 원만해진다. 내 안에 불만이 가득하면 대화 결과는 싸움으로 번지고 가정의 행복은 없다.

둘이 살면서 왜 가정을 지옥으로 만들면서 살아야 할까? 그 원인이 상대에게 있다고 아무리 떠들어도 바뀌는 것은 아무것도 없다.

이제라도 기회가 된다면 상대를 비난하기보다는 칭찬하는 것이 좋다.

그것도 항상 상대방의 좋은 점을 열심히 찾아 매일 몇 가지씩 칭찬하라. 칭찬하는 방법은 앞에서 상세하게 기술했으니 참고해 나의 행복을 찾아 나서기 바란다.

행복은 저절로 만들어지는 것이 아니라 상당한 노력으로 키워가는 것이다.

11

앞으로 남은 수명과
자금은?

한국인의 기대수명이 계속해서 증가하고 있어 노후자금도 증가하고 있다. 가진 것이 없이 노후를 맞고 있는 퇴직자들은 난감한 상황이다. 최근에 기대수명은 82.8년으로 알려졌는데, 이는 해당 연도에 태어나는 아이의 기대수명으로 지금 은퇴를 하는 퇴직자의 경우엔 이미 사고 등으로 먼저 간 사람들의 잔여 수명까지 살아야 하니 이보다 더 많은 날을 버텨야 한다.

기대수명은 OECD 회원국 평균 80.7년이고, 기대수명이 가장 긴 나라는 세계 최장수 국가인 일본이 84.2년이다. 우리나라 직장인의 대부분은 근무 시에는 중산층으로 살다가 퇴직 후에는 하층으로 전락하고, 극빈자로 살아야 한다. 현재 보유한 금융자산, 저축액, 공적자금, 퇴직연금, 개인연금을 합해 계산한 비은퇴 가구의 평균 준비자금은 월 110만 원 정도로 조사되었다. 이는 독신 가구 월평균 필요자금의 64%, 기혼부부들은 필요자금 45%만 준비된 것으로 예측했다. 자녀가 있는 부부의 준비자금과 필요자금 비율이 떨어지는데, 자녀가 없는 부부와 20% 정도 차이가 난다. 한편 남자의 기대수명은 80.3년, 여자는 86.3년으로 부부 중 여자가 남자보다 2~4년은 젊다고 보면 8~10년은 혼자 살아야 한다.

최근 실버 푸어(Silver Poor)라는 용어는 노후자금이 부족해 빈곤한 삶을 사는 노년층을 일컫는 말로 65세 이상의 노인의 40%가 넘는다. 이와 유사한 용어로 자녀에 대한 투자로 빈곤을 겪는 베이비 푸어(Baby Poor, 아이를 낳고 키우느라 빚을 내, 대출이자에 쫓겨 사는 젊은 부부를 일컫는 말), 에듀 푸어(Edu Poor, 많은 교육비를 지출하며 빈곤하게 사는 가구를 일컫는 말)가 실버 푸어로 이어지고 있다. 노후자금이 충분하지 않다고 응답한 노인들이 전체 응답자의 73%에 달하고, 아들과 딸이 있는 경우 결혼자금으로 평균 2억이 지출 예상된다고 하니 이를 지출할 경우 노후자금은 바닥을 드러내게 된다.

대출을 받아 집을 마련했으나 여전히 가난한 하우스 푸어(House Poor), 일하고 있으나 형편이 개선되지 않는 워킹 푸어(Working Poor)등 다양한 이름의 푸어(Poor, 빈곤층)들이 주위에 존재한다.

은퇴한 후를 걱정하지 않아도 되는 노후자금은 얼마나 될까? 2~3억 원이면 충분하다는 사람이 있기도 하지만, 적어도 10억 원은 있어야 한다고도 한다. 주변에는 월 300만 원이면 충분하다는 사람도 있지만, 이는 은퇴 직후의 생각이고, 나이가 더 들면 말이 없어진다.

나이가 들면 생활비 중에서 가장 많은 비중을 차지하는 것이 의료비인데, 평균수명은 80세가 넘지만, 건강수명은 73세밖에 되지 않는다. 7년 이상은 병원을 자주 다니면서 불편을 감수하고 지내야 한다는 뜻이다. 매월 평균 25만 원 이상을 의료비로 지불하면서 지내야 하니 큰 부담이 된다. 부부의 노후생활에 월 평균 200만 원이 든다면 혼자 8~10년 더 살게 되는 아내의 잔여 여생 생활비를 70% 정도(140만 원)로 생각해야 한다. 그러면 앞으로 나에게 남은 잔여 수명을 예측해야 한다. 나와 아내가 살아야 할 잔여 수명은 계속해 늘어나고 있어 그 기간이 30년, 40년이 될 수 있다. 물가는 계속 오를 것이고, 지금 받는 연금도 계속해서 오르는 것도 있지만 정액으로 나오는 연금도 있다. 부동산을 계속해 줄여가면서 금융자산으로 활용할 수도 있다.

노후자금을 준비할 때 목돈이냐, 연금이냐도 걱정이 된다. 목돈은 잘못 관리하면 한꺼번에 사라질 위험이 크다. 성장한 자녀의 사업자금으로 친분이 있는 분의 부탁으로, 더 많은 이자를 찾아 나섰다가, 금융사기나 보이스 피싱을 당할 수도 있다. 목돈은 현재 부자이지만 나이가 들수록 지켜낼 힘이 부족해진다. 연금이 있는 사람은 평생 부자라 한다. 연금은 날리면 한 달만 고생하면 된다. 더 좋은 것은 자금이 계속해서 일하도록 하면 연금처럼 사용할 수도 있다. 그러나 이것도 계속해서 관리하지 않으면 어려움이 따를 수 있다.

주변에서 가장 힘들어하는 것이 계속 일해야 한다는 것이다. 건강해 계속 일할 수 있다면야 그보다 바람직한 일은 없겠지만 어떤 일이라도 나이가 들면 그만두어야 한다는 것이고, 근력은 계속 떨어져 결국에는 수입이 끊기게 된다는 것이다.

현실은 노령연금 수급자 10명 중 8명은 50만 원 이하이고, 충분한(?) 생활비 이상 노후 생활자금을 소비하고 있는 은퇴자는 20%

에 불과하다는 것이다. 은퇴 후에 생활수준이 하락했다고 답한 사람이 99.4%, 현역대비 50% 미만으로 감소했다는 비중이 48.6%로 가장 많았다. 그러니까 현역 시와 비슷한 수준을 유지하고 있는 사람은 0.6%에 불과했다. 현역 시에 상류층에 속했다고 생각한 은퇴자는 81.3%인데, 은퇴 이후 대부분이 중산층으로 전락하고, 6.3%는 저소득층으로 이동한 것으로 인식하고 있었다. 순 자산 규모 26억 원 이상은 상위 1%, 73억 원 이상은 0.1%에 불과했다. 하지만 행복은 돈으로만 결정되는 것은 아니다. 기대치를 낮추고 내가 만족할 수 있는 분야에서 나의 가치를 증명해간다면 좋은 여생이 아니겠는가?

은퇴하기 전에 충분히 준비할 수 있었으면 대단히 좋겠지만 미처 준비하지도, 알지도 못했다면 이제 와서 어찌하겠는가? 그러나 포기할 수는 없다. 그러기에는 남은 기간이 너무나 길다. 살아온 날들의 반 이상이 남아 있으니 아내를 위해서도 나를 위해서도 무엇인가를 해야 하지 않겠나? 내 주변에는 회사에서 중역으로 근무하고 은퇴한, 한때는 잘나갔던 사람들이 많다.

그래서 회사를 하나 만들어 운영할 것을 제안해봤다. 운영자금도 기술도 손실도 실패에 대한 위험도 모두 내가 감당할 테니 주도적으로 나서서 추진할 사람을 찾았다.

나름대로는 회사를 경영했다고 하는 사람들이 아무도 전면에 나서서 회사를 꾸려갈 자신이 없단다. 스스로 생산을 주도할, 돈을 만들어낼 자신이 없는 것이다. 몇 번의 회의를 하고 식사 자리를 마련하고 했으나 결국은 무산되어가고 있다. 그냥 몇 푼 안 되는 월급이나 받으면서 그럭저럭 늙어가고 싶을 뿐이다. 그래서 월급쟁이는 절대 사장이 될 수 없다는 것인가보다. 나도 월급쟁이였고, 사업을 시작한 지 20년이 되었지만, 월급에 길든 사람에게 새로운 일을 시작하도록 한다는 것이 쉽지만은 않다는 것을 알았다. 그 길에 나선다는 것이 얼마나 많은 준비와 각오가 필요한지 새삼 느꼈다. 이제 더 이상 내 안에 도전에 대한 DNA가 없다고 생각한다면 주어진 여건 내에서 노후를 준비하는 것도 한 방법일 수 있다고 생각한다. 내가 가장 잘하는 방법으로 봉사하면서 사는 것도, 내가 원하는 시골이나 어촌에서 지역 주민들과 어울려 다시 시작하는 것도 좋은 방법일 수 있겠다 싶어서 어제는 내가 사는 곳에서 근거리 시골로 집을 사서 들어간 친지를 찾아 나섰다. 차를 한잔하면서 이야기를 나누었다. 집을 구하러 다니다가 집이 마음에 들어 계약했는데, 많은 후회도 하고, 들어가서 아직도 마음을 정하지 못하고 도시에 매도하지 않은 아파트에 왔다 갔다 하고 있단다.

나이가 든 후에 하고 싶은 것이 있어도 준비 없이 결정하는 것은 권하지 않는다. 많은 준비를 하고, 주변에 같은 일을 먼저 결행한 사람을 수소문해 몇 번이고 만나보고, 조언을 받고 필요하다면 직접 실습을 해봐야 한다. 장단점을 충분히 경험해보고 진행해야 한다. 귀촌했다가 뱀이 나왔다고 1년 후에 다시 돌아오는 우를 범하지 않으려면 미리 강의도 듣고, 실습도 하고, 관련 서적도 탐독하면서 최소한의 기초는 닦아야 하지 않겠는가?
현직에 있을 때 이런 과정들을 재미 삼아 먼저 해보는 것도 즐거움이 아니겠는가? 내가 해보고 즐거움이 없다면 그 일은 권장하지 않는다. 지금까지 가족을 위해 살았다면 이제부터라도 나를 위해 살아야 한다. 그래서 아내와 협의해 같이 즐길 수 있는 삶이라면 더 좋을 것이다. 내가 아무리 좋아도 노후에 혼자서 지내야 하는 삶이라면 이 또한 무슨 의미가 있겠는가?

이제부터 같이 즐기고 그동안 고생한 서로를 위해 오순도순 즐길 수 있다면 이 또한 좋은 삶이 아닌가? 많이 생각하고 준비한 후에 방향이 정해지면 반드시 이 길을 먼저 가 본 사람, 그 분야에서 성공한 사람을 찾아 많은 경험과 실패를 들어야 실패를 줄일 수 있고, 성공할 수 있을 것이다.

우리는 실패할 시간도 그럴 만한 여유도 없다. 노후에 고생을 사서 할 필요도 그럴 가치도 없다. 실패한 경험과 고생했던 원인과 그 사연들을 충분히 미리 살 필요가 있을 뿐이다.

퇴사 후 무엇을 할까?

제1판 1쇄 2024년 6월 27일

지은이 오효선
펴낸이 한성주
펴낸곳 ㈜두드림미디어
책임편집 이향선
디자인 디자인 뜰채 apexmino@hanmail.net

㈜두드림미디어
등 록 2015년 3월 25일(제2022-000009호)
주 소 서울시 강서구 공항대로 219, 620호, 621호
전 화 02)333-3577
팩 스 02)6455-3477
이메일 dodreamedia@naver.com(원고 투고 및 출판 관련 문의)
카 페 https://cafe.naver.com/dodreamedia

ISBN 979-11-93210-77-2 (03190)